ALS HÄTTE ICH FLÜGEL

y [illegible] [illegible] [illegible]. [illegible] clean fr
much to the amazement of the f
added a monthly urine specimen, ha
t me off the book. I began to ge
usually upon the return of someone
tantam in London. They would alwa
ice taste of heroin and cocaine. Someti
ENE; Maurice Van Ders ex old lady
ch good; it had been stepped on a
I shoot a half a spoon to feel anythin
; 20 mins. Madam Recards "Chat
from all over
l every night. Musicians, came in
l of Madam Recaids home made chile.
out of the kitchen finally and a fri
me his Flugelhorn, an old French [illegible]
it. He eventually gave it to me an
moving it on all the albums. I a
:" The best jazz album of 64-5, with
[illegible]

chet baker

ALS HÄTTE ICH FLÜGEL

verlorene erinnerungen

mit einem Vorwort von Carol Baker

aus dem Amerikanischen von Bernd Oehler

hannibal

Titel der Originalausgabe:
Chet Baker As Though I Had Wings – The Lost Memoir

Erstausgabe erschienen 1997 bei St. Martin's Press, New York

Robert Azderball, Hannibal Verlag
A-3423 St. Andrä-Wördern

Lektorat: Lothar Lewien
Titel- und Rückseitenfoto: William Claxton,
mit freundlicher Genehmigung von St. Martin's Press
Umschlagentwurf: Steve Snider
Typographie: Michael Bergmeister
Druck: Ebner Graphische Betriebe, Ulm
ISBN 3-85445-161-X

DANKSAGUNG

Tom Baker (†) für seine Freundschaft und seine außerordentliche Hilfe bei der Bearbeitung des Manuskripts.

Steven Lowy für die grenzenlose Sorgfalt und Aufmerksamkeit, mit der er das Projekt bedachte.

Jim Fitzgerald dafür, daß er die Bedeutung der Memoiren erkannte und andere mit seinem Enthusiasmus mitriß.

Dana Albarella für ihre unerschütterliche Liebe zu Chet, seiner Musik und seinen Worten.

VORWORT

Berühmte Menschen werden nur allzuoft zu einseitigen Karikaturen ihrer selbst entstellt. Die öffentliche Wahrnehmung führt letztlich dazu, nur die engsten Grenzen eines Charakters zu sehen – nur die äußere Hülle der Seele. Das ist zu einfach. Eine Persönlichkeit umfaßt mehr als das, was in der Öffentlichkeit bekannt wird, und für niemanden trifft dies mehr zu als für Chet Baker. Als Chets Frau weiß ich das genauer als die meisten anderen.

Man kann Chet nicht einfach nur als Musiker, Drogensüchtigen, Ehemann oder Legende beschreiben. Er war all dies und noch mehr, und dieses Buch legt davon Zeugnis ab. Die Entscheidung zur Veröffentlichung dieser Erinnerungen fiel auch mit Blick auf die emotionale Ausstrahlung und die spontane Direktheit, die Chet zu eigen war – wunderbare Qualitäten, von denen ich nicht wollte, daß sie über die stereotypen Erwähnungen in angestaubten Jazz-Historien verlorengehen oder vergessen werden in den Unzulänglichkeiten dürftiger Kurz-Bios auf Plattenhüllen. Verzerrte Berichte und Wiedergekäutes aus zweiter Hand ergeben keine ausreichende Basis, um zu charakterisieren, wer Chet war – und womöglich kann auch dieses Buch das nicht leisten. Aber es kommt dem nahe. Dies sind seine eigenen Worte, seine Erinnerungen, seine Sichtweisen. Dies ist seine Geschichte.

Als Chet begann, über sein Leben zu schreiben, war dies kein Versuch, erschöpfende Chroniken eines jeden Tages, Monats oder gar eines jeden Jahres zu erstellen. Vielmehr wollte er eine Reihe von Erinnerungen festhalten, die für ihn eine ganz besondere Bedeutung hatten. Jeder kundige Biograph wäre imstande herauszufinden, wo Chet mit wem und wann gespielt hat. Aber nur Chet kann uns erzählen, daß Charlie Parker zwischen den Sets am liebsten Tacos mit grüner Soße aß oder was ich an jenem Abend anhatte, an dem er meine Eltern kennenlernte (ein Kleid mit grünen Pailletten, und nach seinen Worten war ich „wunderschön").

Was meine eigenen Erinnerungen an Chet anbelangt, so würden sie noch ein ganzes Buch füllen, selbst wenn ich nur die Oberfläche streifen wollte: wie das Sonnenlicht seine markanten Wangenknochen umspielte; die leichte, lockere Biegung seines Armes, wenn er die Trompete hielt; wie beim Spielen seine Augen ganz tief wurden und weit, weit weg wanderten. Blitzartige Erinnerungen an ihn tauchen unerwartet auf und schnüren mir die Kehle zu.

Alle Erinnerungen dieser Welt tragen schließlich nur ein Stück weit. Chets Worte tragen weiter. Wenn ich mir das herrliche Wirrwarr aus Bildern und Eindrücken anschaue, kann ich nur staunen, wie genau sich der wahre Kern von Chets Leben darin widerspiegelt: permanentes Chaos, durchsetzt mit reinem Genie. Chet hätte es nicht anders haben wollen.

Carol Baker, 1997

eins

he." An elderly woman named Madam Ricard owned the club
in an apartment upstairs. The apa
arranged in such a way that i
titioned into 2 small apartments,
move upstairs, The police contin
me for a long time. Every month I'd a
from some inspector and within 24
myself to his office for an examination; if
in France. Business was good at the cl
ing Dean down to the cave alley, into to
down the bar; everyone wanted to hold h
with many European musicians during the next
Tracy and John Poole flew in from Denmark
. The "Chez Ali" was in the algerian
from the Bastille. Two or three days a
with friends to sit drinking algerian
one of the staff roll a huge cone shap
We would smoke and drink tea. It w
down when all the musicians came in.
ts, hand drums of all kinds, guitares, m
couple of guys would really sing. Sta
Alan Eager came through and so was

Fort Lewis im Staat Washington war im Winter 1946/47 besonders grau und kalt, zumindest mir schien es so. Ich hatte mich wohl an das Klima im südlichen Kalifornien gewöhnt, wo ich noch vor kurzem jede Menge Zeit damit verbracht hatte, am Strand herumzuliegen oder bei den Klippen von Palos Verdes zu tauchen. Fünfundachtzig Prozent der Jungs in unserer Kaserne kamen aus Gegenden wie Georgia, Mississippi oder Nord- und Süd-Carolina. Keiner von ihnen schien von unserem Standort besonders angetan zu sein, aber ich kann mich auch nicht erinnern, daß es während der langen Wochen unserer sogenannten Grundausbildung größeren Zoff unter den Rekruten gegeben hätte. Der Dienst war nicht sonderlich aufregend: Märsche, Biwaks, Ausbildung am M-1 und an Handgranaten, Küchendienst und Wache schieben; dazu kamen die üblichen Rekruten-Vergnügungen mit jeder Menge Schmierseife und harten Schrubbern – miese Geschichten, die viele zuvor auch schon durchgemacht hatten.

Ungefähr eine Woche vor dem Ende der Grundausbildung wurde ich zum Kompaniechef gerufen. Er meinte, der Army sei klar, daß ich erst sechzehn sei und daß ich, wenn ich nicht länger dabeibleiben wolle, entlassen werden könnte. Ich lehnte das Angebot ab und kehrte zu meiner Einheit zurück. Ich freundete mich mit einem Typen namens Dick an, den ich aus der Ausbildung kannte. Er war aus Pasadena, neunzehn Jahre alt und mit einem IQ von 148 ziemlich clever. Außerdem war er bärenstark, er konnte sich auf dem Barren in den Handstand drücken, einmal herumschwingen, abstoppen und dann andersherum schwingen. Eines Tages schlug er einen Kerl bewußtlos, der gerade aus der Kantine kam. Der Typ, gut fünfzehn Kilo schwerer als Dick, kam aus der Tür, und Dick drehte seine Schultern weg, um ihn vorbeizulassen. Der Idiot machte sich daraufhin erst recht breit und stieß gegen Dicks Oberarm. Dick schwang herum und legte ihn auf der Stelle flach. Wie gesagt, er war ein wirklich starker Kerl.

Dick und ich waren die einzigen aus unserem Regiment, die einen Marschbefehl nach Europa bekamen, alle anderen wurden nach Japan oder Korea geschickt. Nach der Grundausbildung hatten wir dreißig Tage Urlaub, und danach wurden wir an die Ostküste verfrachtet, nach Camp Kilmer in New Jersey. Zusammen mit 1800 anderen Jungs kamen wir auf ein Truppentransportschiff, und ab ging's. Die nächsten zehn Tage waren ein einziger Alptraum. Es gab die üblichen Zockereien, von denen ich mich fernhielt, weil das meiste Geld in den Taschen von zwei oder drei Typen zu verschwinden schien. Alles war vollgekotzt, nirgends auf dem Schiff, wo immer man auch hinging, konnte man dem Geruch entgehen. Da es keinen Alkohol zu trinken gab, mischten manche Jungs Aqua

Velva mit Fruchtsaft. Alle wurden besoffen und prügelten sich. Ein paar wurden von dem giftigen After-shave-Cocktail blind. Die Überfahrt werde ich jedenfalls so schnell nicht vergessen.

Wir landeten schließlich in Bremerhaven, wo wir ausgeschifft wurden. Dick und ich hatten die Schnauze gründlich voll von dem tollen Dampfer namens General Soundso. Unsere erste Nacht in Deutschland verbrachten wir in einem riesigen Flugzeughangar. Wir ließen die Reise noch einmal Revue passieren, und es kam uns vor, als wären wir auf phantastische Weise neu geboren worden. Wir hatten den Bauch des Schiffes verlassen, wo wir wie Ölsardinen verpackt waren, und durften uns nun – ausgeruht, satt und mit frischer Luft versorgt – in Vaterlandsverteidiger mit blanken Stiefeln und blitzender Uniform zurückverwandeln.

Am nächsten Morgen gab es gewaltiges Gedrängel vor dem Schwarzen Brett, wo alle Mann herausfinden wollten, was die Army mit ihnen vorhatte, wie lange das Ganze dauern sollte und wo sie stationiert werden würden. Dick und ich hatten damit gerechnet, daß sich hier in Bremerhaven unsere Wege trennen würden, aber die Army schickte uns beide nach Berlin. Unser Zug wurde dreimal von den Russen angehalten und jedesmal gründlich gefilzt. Schließlich durfte er weiterfahren, durch die Geröllhaufen ausgebombter Städte und die verschneite deutsche Landschaft, bis wir den russischen Kontrollpunkt vor Berlin erreichten. Wieder wurden wir kontrolliert und gezählt, angestarrt von einer mit Gewehren bewaffneten Kompanie auf dem Bahnsteig. Diese Männer hatten eine merkwürdige und unfreundliche Ausstrahlung. Keine Ahnung, warum. Berlin war damals fast völlig zerstört, ganze Häuserblocks waren dem Erdboden gleichgemacht. Russische Panzerdivisionen waren durch die Straßen gezogen und hatten Rache genommen für das, was die Deutschen in Rußland getan hatten. Ein paar Häuser hatten sie allerdings ganz gelassen, dort waren ihre Truppen untergebracht. Diese übriggebliebenen, meist dreistöckigen Wohnhäuser lagen in der Nähe des Gebäudes der amerikanischen Militärregierung im amerikanischen Sektor, wo ich auf eine Schreibstube kam, während Dick Manager eines Kinos wurde.

Nachdem ich eine Unterkunft zugewiesen bekommen und meine Sachen verstaut hatte, konnte ich mich auf dem Gelände umsehen. Ich hörte von irgendwoher in der Nähe Musik und folgte wie selbstverständlich den Klängen bis zu einer Tür, auf der 298th ARMY BAND stand. Ich ging hinein und stand in einem Schreibzimmer, wo ein 45- bis 50jähriger Sergeant mit unbewegtem Ledergesicht an einem Schreibtisch in einer Ecke saß. Hinter ihm hing ein Tambourstab von 1,20 Meter Länge mit rot-weiß-blauen Kordeln und blanken Messingenden. Er blickte auf, und ich fing an zu reden. Ich redete so lange, bis ich ihn sagen hörte: „Komm morgen früh vorbei und sprich mit unserem ersten Trompeter." Ich bedankte mich überschwenglich und ging, begierig, wiederzukommen.

Der erste Trompeter entpuppte sich als ein netter Kerl namens Martin. Nachdem ich ein paar Minuten vorgespielt hatte, sagte er: „Das reicht, Chet. Ich werde dem Sergeant sagen, daß er dich anfordern soll." Sie müssen ziemlich heiß auf Trompeter gewesen sein.

Danach hieß es ein Jahr lang zwei-, dreimal pro Woche antreten in Paradeuniform. Wir wurden in Lkws verfrachtet, zum Flughafen Tempelhof gefahren und rausgescheucht, um darauf zu warten, daß irgendein Kongreßabgeordneter, Senator oder Vier-Sterne-General aus seinem Flieger steigt. Im Frühjahr, Sommer und Herbst war es ganz erträglich, aber im langen deutschen Winter war es gemein. Echt hart, bis zu drei Stunden auf der Rollbahn herumzustehen, manchmal knöcheltief im Schnee, zu Ehren der Ankunft dieser Typen, die sich meist einen Teufel um die Musik scherten, mit der sie empfangen wurden. Normalerweise nahmen sie dann die Band und die Ehrenformation ab, die mit chromblitzenden Helmen und schimmernden Waffen ihre üblichen Griffe klopfte – mit ein paar Variationen natürlich. Ich erinnere mich, daß ich mich damals gefragt habe, warum sind diese Jungs alle schwarz und in der Band spielt kein einziger Schwarzer?

Im Winter war es so kalt, daß man das Mundstück die ganze Zeit im Mund behalten mußte, sonst wären die Lippen bei der ersten Berührung daran festgefroren. Manchmal froren auch die Ventile ein, so daß Martin, unser Bandleader, dem zuständigen Offizier namens Hawk „Musik fällt aus“ melden mußte. Hawk nahm es immer klaglos hin. Er nickte nur, wohl wissend, daß wir die ganze Scheiße vergebens ausgehalten hatten.

Als der Frühling kam, hatte die Band mehr Freizeit, meist nachmittags und am Wochenende. Ich ging oft zum Bowling, spielte Karten und Tischtennis oder hing bei Dick im Kino herum. Das Kino war nicht für die Öffentlichkeit zugänglich, sondern Soldaten, Offizieren und deren Anhang vorbehalten. Es war eines der größten Kinos, das ich je gesehen habe, sogar größer als das Palladium in New York. Dick hatte deutsches Personal unter sich, ein eigenes Büro, ein eigenes Zimmer im Untergeschoß, in dem ein Fallschirm von der Decke hing, bunte Beleuchtung, eine Bar und einen eigenen 16-Millimeter-Projektor – alles klar? Dick war ein verdammt smarter Bursche für seine neunzehn Jahre. Die Army wollte ihn zum Offizierslehrgang schicken, aber er hatte nicht die geringste Lust dazu. Er hatte sich freiwillig gemeldet, um nicht eingezogen zu werden. Wenn man sich freiwillig meldete, riß man seine 18 Monate ab, und das war's dann. Wurde man dagegen eingezogen, mußte man zwei Jahre dienen und hatte außerdem keine Wahl, was die Verwendung anging. Dick hatte es gut getroffen. Er war voll im Schwarzmarktgeschäft und verkaufte Kameras, Seife, Schokolade, Zigaretten und ähnliches Zeugs. Das war die Währung damals, und wenn man Kaffee hatte, war man erst recht fein raus. Das war das wertvollste Zahlungsmittel überhaupt. Jeder Soldat konnte mit fünf, sechs Zigaretten einen deutschen VW-Fahrer stoppen und ihn dazu bringen, einen überall hinzufahren – vorausgesetzt, er war allein.

zwei

ansferred to another prison to await
days of "Pentonville" I went to court. I
I take the whole thing too seriously. All
ly pompous fools with their white wig
, I was found guilty by his Lord:
believe the pharmacist's testimony th
I ask him to steal the drugs and I
him anything for it. His Lordship
I believe that I hadn't paid him
iffy. Back in "Pentonville" once again
s then to another prison where all th
held and four days later I was accompa
y and deported to France. Carol and Ba
ry; She had arranged it with the
[illegible] We'd been back in
p when we were all picked up by the police
part of a 3 month investigation whe
arrest of about 150 people. We were
suspected drug addiction. After about
began to cop out. As soon as some
their statement admitting guilt, the
into another room and given a fi
[illegible]

Als es wärmer wurde in jenem Frühling, verbrachte ich mehr und mehr Zeit am Wannsee, der am Rande Berlins an der Grenze zur russischen Zone lag. Es war wunderschön dort. Ich mietete eines der Segelboote, die eigentlich für Offiziere reserviert waren, und segelte stundenlang auf dem See herum. Aus dem Kofferradio dröhnten Stan Kenton und Dizzy Gillespie. Das war die erste moderne Musik, die ich jemals gehört hatte, und ich fand sie unglaublich. In dem Jahr veröffentlichte Stan Kenton unter anderem „Intermission Riff" und „Artistry in Percussion". Seit wir eine Dance-Band mit Musikern aus der Army-Band gebildet hatten und fast jedes Wochenende im Unteroffiziersclub spielten, waren wir ganz heiß auf das, was in der Musikszene abging.

Während des Sommers auf dem See hing ich meist einsam und allein herum, und wie die meisten jungen Kerle malte ich mir aus, eine Frau zu haben. Die Frau, die ich mir erträumte, würde ich hier am See treffen, vielleicht würde sie am Ufer herumwaten und dabei ihr Kleid raffen. Sie dürfte ruhig älter als ich sein, so um die zweiundzwanzig – blond, schlank und schön. Sie beherrschte meine Tagträume, und ich gab die Hoffnung nie auf, daß ich sie irgendwann treffen werde. Ich wußte, daß es passieren würde.

Ich rauchte damals nicht, meine Zigarettenration konnte ich daher gegen alles mögliche eintauschen. Ich besaß vierzehn verschiedene Kameras. Für zehn Stangen ließ ich meine Eltern in Öl malen, nach einem Farbfoto. Einen schönen goldenen Ring mit einem zweikarätigen Aquamarin und zwei Saphiren tauschte ich gegen ein einzylindriges Motorboot ein. Damit fuhr ich immer vom Ufer zum Segelboot, das weiter draußen an einer Boje vertäut war. Es war zwölf Meter lang, hatte einen stählernen Rumpf; ein Einmaster, in dem man zu viert schlafen konnte. Eines Tages im Hochsommer machte ich mich wieder auf meinen üblichen Weg zum See. Ohne mich vom schlechten Wetter stören zu lassen, sprang ich in mein Tucktuck und fuhr am Ufer entlang. Auf einmal war sie da: das tolle Mädchen, das ich mir so oft ausgemalt hatte. Ich hielt auf sie zu.

Sie watetete im kniehohen Wasser und hielt mit einer Hand ihr Baumwollkleid gerafft. Als ich auf ihrer Höhe war, lächelte sie, und meine Einladung zu einer Fahrt beantwortete sie in perfektem Englisch: „I'd love to." Sie setzte sich auf den Bootsrand, hob ihre Beine an und schwang sich ins Motorboot hinein, genau neben mich. Sie war einfach klasse, um nicht zu sagen vollkommen. Vier Monate lang hatte ich kaum daran gedacht, irgendeine Tussi aufzugabeln. Ich sagte mir, warum soll ich mir ein Bein ausreißen, um eine Frau zu kriegen, wo ich mir doch sicher war, daß ich eine viel bessere finden würde, wenn ich nur Geduld hätte?

Kaum war sie bei mir im Boot, begann es zu tröpfeln, also drehte ich um und fuhr auf den Einmaster zu, der zweihundert Meter entfernt lag. Wir schafften es gerade noch rechtzeitig und schlüpften genau zu der Zeit in die abgedunkelte Kabine, als es auch schon zu schütten begann. Das Getrommel auf dem Deck half mein pochendes Herz zu übertönen. Ich hatte zwar schon ein paar Erfahrungen mit Mädchen gemacht, aber das waren eben Mädchen, wenn du weißt, was ich meine. Wie auch immer, Gisela, so hieß sie, war zweiundzwanzig, und während der nächsten zwei Stunden gab ich mein Bestes, um den traditionellen Standards amerikanischer Soldaten gerecht zu werden.

Später erfuhr ich, daß sie und ihre Schwester von ihren Eltern in der Hoffnung losgeschickt wurden, sie würden einen Soldaten kennenlernen, möglichst einen Offizier. Spätere Heirat nicht ausgeschlossen, aber auch nicht notwendig. Doch in jedem Fall sollten Lebensmittel, Kleider und Geld dabei herausspringen. Am Ende, so das Kalkül der Eltern, würde der Offizier dafür sorgen, daß die ganze Familie nach Amerika fahren könnte, raus aus der Hölle, in der die meisten Deutschen lebten, besonders in Berlin. Beide Schwestern waren sehr attraktiv. Ich hörte später, daß der Plan von Giselas Eltern aufgegangen war und daß sie einen russischen Offizier geheiratet hat. Ich werde sie nie vergessen und auch nicht, wie sie meinen Traum wahr gemacht hat.

drei

ransferred to another prison to await
days of "Pentonville" I went to court. I
take the whole thing too seriously. All
ly pompous fools with their white wigs
, I was found guilty by his Lords
believe the pharmacist's testimony tha
t I ask him to steal the drugs and I
him anything for it. His Lordship
I believe that I hadn't paid him
ff. Back in "Pentonville" once again
then to another prison where all the
eld and four days later I was accompa
y and deported to France. Carol and Dad
y; She had arranged it with the
[illegible] We'd been back in
s when we were all picked up by the police
part of a 3 month investigation whe
arrest of about 150 people. We were
suspected drug addiction. After about
began to cop out. As soon as some
their statement admitting guilt, they
nto another room and given a fix
better. [illegible]

Ende Oktober bekam ich eine Blinddarmentzündung und lag zwei Monate im Krankenhaus. Danach wurde ich nach Camp Kilmer geschickt, zur Entlassung. Ich war bereit. Ich war froh, nach Hause zu kommen.

Hermosa Beach ist normalerweise sehr sonnig, und es weht genau die richtige Brise vom Meer her, damit es nicht zu heiß wird. Wir wohnten seit fast vier Jahren in der 16. Straße, den Hang hoch, oberhalb des Pacific Coast Highway. Meine Mutter hatte bei W. T. Grant gearbeitet, seit ich ungefähr fünf war, zuerst in Oklahoma City, danach im Zentrum von L. A. und jetzt in Inglewood. Sie war eine liebenswürdige und freundliche Frau, ein Mädchen vom Land, geboren in Yale, Oklahoma, wie ich auch. Mein Vater hatte meine Mutter kennengelernt, als er an Samstagabenden bei Tanzvergnügen Musik machte. Er spielte sehr gut Gitarre und liebte Musik. Bald nachdem sie sich kennengelernt hatten, heirateten sie, und am 23. Dezember 1929 kam ich auf die Welt.

Ich erinnere mich noch genau an die Farm, auf der ich aufgewachsen bin und es wirklich gut hatte. Da gab es eine große, rote Scheune, die auf den ersten Blick aussah, als würde sie der nächste kräftige Windstoß wegpusten. Wenn man aber hineinging, sah man zwar hier und da ein paar verrottete Bretter, aber die Balken waren noch in ziemlich gutem Zustand, und die ganze Konstruktion war stabil.

Es war ein kühles, schattiges Plätzchen, wie geschaffen, um an heißen Nachmittagen abzuhängen.

Wir hatten Kühe, Schweine, Pferde, Hühner, Enten, Katzen und Hunde – dazu kamen mindestens zwei oder drei Cousins oder Cousinen, mit denen man auch spielen konnte. Der Heuboden war ideal für Versteckspiele, und ich erinnere mich lebhaft an all die Gerüche meiner Kindheit in dieser Scheune. Als ich etwas älter war, durfte ich meinen Vater und einen oder zwei Onkel – meine Mutter hatte vier Schwestern und drei Brüder – in die Blackjack-Wälder begleiten, wo sie Kaninchen, Eichhörnchen oder auch ein paar Wachteln jagten.

Mein Großvater war dabeigewesen, als Oklahoma zur Besiedelung freigegeben wurde. Er hatte den berühmten Wettlauf zu Pferd absolviert, als einer von Tausenden, und es war ihm gelungen, ein Grundstück von über dreißig Hektar für sich und seine Frau abzustecken. Sie waren als Einwanderer in die USA gekommen und immer weiter nach Westen gewandert, in Oklahoma hatten sie sich schließlich niedergelassen. Wie so viele andere schuftete mein Großvater schwer, um seiner Frau und sich ein einigermaßen angenehmes Leben zu ermöglichen. Mit neunundzwanzig hatte er acht Hektar Wassermelonen, Erbsen, Kartoffeln, Mais und jede Menge Obstbäume aller Art, von denen der interessanteste ein einzelner Dattelpflaumenbaum war, der mitten in einem großen, umgepflügten Feld stand. Bis heute habe ich nirgendwo eine Dattelpflaume gegessen, deren Geschmack an die Früchte jenes Baumes herangereicht hätte.

Zur Zeit der Wirtschaftskrise war mein Vater ein junger Mann und natürlich arbeitslos. Niemand konnte es sich mehr leisten, zum Tanzen zu gehen, das nackte Überleben war schwer genug. Ich erinnere mich, daß er einmal einen Job hatte, bei dem er mit einem sieben Kilo schweren Vorschlaghammer alte Stahlkessel zerlegen mußte, für 25 Cents die Stunde. Schließlich verschlechterte sich die Lage derartig, daß wir, als ich ein Jahr alt war, von Yale nach Oklahoma City umziehen mußten. Dort lebte eine Schwester meines Vaters, Agnes. Wir wohnten sechs oder sieben Jahre bei Onkel Jim und Tante Agnes, ich ging dort zur Culbertson Grammar School. Mein Vater fand schließlich eine Stelle als Aufseher, meine Mutter kriegte einen Job in einer Eiscremefabrik. Sie brachte jeden Abend Eis mit nach Hause, das war ein Fest! Alle Sorten, die man sich nur vorstellen konnte – und jeden Abend eine andere.

Jeden Sommer verbrachte ich ein paar Monate auf der Farm in Yale, ich sammelte wilde Himbeeren entlang des Sandwegs, der zur Hauptstraße führte. Oft ging ich in ein Wassermelonenfeld, hielt eine Melone hoch und ließ sie fallen, so daß sie aufplatzte. Dann futterte ich den süßen Kern und überließ den Rest den Vögeln.

Von meinem ersten bis zu meinem achten Lebensjahr hat sich Tante Agnes um mich gekümmert. Sie und Onkel Jim waren bestimmt die freundlichsten Menschen, die ich kenne. Ich kann mich nicht erinnern, daß sie in der Zeit, die ich bei ihnen verbracht habe, jemals böse oder auch nur laut wurden. „Verdammt" und „Mist" war das äußerste an Flüchen. Onkel Jim war irgendwo in Flandern im Krieg gewesen und hatte sich seine Lungen mit Senfgas verbrannt. Er arbeitete beim Gartenbauamt der Stadtverwaltung, an der frischen Luft, wo er Rasen mähte, Büsche schnitt und Blumen wässerte. Er arbeitete gern draußen, weil er dort frei atmen konnte.

Während ich bei ihnen wohnte, verpaßte ich keinen einzigen Schultag; ich ging gern hin und hatte in allen Fächern ganz gute Noten. Aber 1940 zogen wir weg von Oklahoma nach Glendale, Kalifornien. Everett Street 218. Die Schule in Kalifornien war viel leichter, ich konnte daher eine halbe Klasse überspringen. Ich ging zur Glendale Junior High School und hatte gerade ein Jahr hinter mir, als wir wieder umzogen.

Diesmal landeten wir in North Redondo Beach, wir wohnten bei den Coulters, guten Freunden meiner Familie, die auch aus Oklahoma stammten. Ihr Sohn Brad war in meinem Alter und ein liebenswürdiger, umgänglicher Kerl. Wir hatten eine tolle Zeit. Zusammen haben wir ständig an alten Autos herumgebastelt. Er baute sich ein kleines Modell eines Spiders mit verkürzter Antriebswelle, das ging ab wie der Teufel – wenn es lief.

Während meines ersten Jahres an der Redondo High School verließ mich meine Begeisterung für die Schule. Ich schwänzte die meisten Stunden und verbrachte fast den ganzen Tag am Strand oder tauchte bei den Klippen von Palos Verdes nach Muscheln. Meine Schulschwänzerei kam bei meinen Leuten zu Hause gar nicht gut an, es gab ein paar Diskussionen deshalb, und am Ende beschloß ich, zur Army zu gehen.

vier

he
-ss gives birth. The government gives
for every new-born child; for blanke
e and other stuff a baby needs. Th
e free milk for the first 6 mos. to
e child gets off to a good start. S
crazy around London and finally
into trouble with the law. Lady
write a script for friday, one for
e for sunday because she always
country estate somewhere outside
weekends. As I cashed my F
I noticed that there was a new
acist. He seemed very friendly and
lunch. Since I hadn't much mo
d. During lunch he said he li
anted to help me out. I told
need any help, that I got all t
ded on prescription. As I left i
I appreciated his kindness but no tha
at midnight, when the predated scrip
s something. The addicts were lea
their scripts filled and people in

Zu der Zeit hatte ich schon ungefähr drei Jahre lang auf der Trompete herumgespielt. Als ich dreizehn war, schenkte mir Dad eines Tages eine Posaune. Ein paar Wochen lang habe ich sie ohne großen Erfolg ausprobiert. Da ich für mein Alter ziemlich klein war, konnte ich den Zug für die tiefen Positionen nicht richtig ausziehen, außerdem war das Mundstück zu groß für meine Lippen. Nach ein paar Wochen war die Posaune verschwunden und durch eine Trompete ersetzt. Die entsprach mehr meiner Größe, und ich brachte auch gleich so eine Art Ton heraus. Ich belegte einen Kurs in der Schule, tat mich aber ungeheuer schwer damit, Noten zu lesen. Mein Problem war, daß ich mich lieber völlig auf mein Gehör verließ, was mir endlose Schwierigkeiten mit dem Bandleader, einem Mr. Kay, einbrachte. Ich spielte in der Blaskapelle, wo ich all die Märsche von Sousa nach Gehör spielte, außerdem spielte ich in der Tanzband der Schule. Mein Vater hatte sich ursprünglich gewünscht, daß ich Posaune spielen sollte, weil er ein großer Fan von Jack Teagarden war. Seine Enttäuschung wurde ein wenig gemildert, als er mitkriegte, daß ich auf der Trompete Fortschritte machte – und siehe da: Er war auch ein Fan von Bix.

Als ich nach der Entlassung vom Militär nach Kalifornien zurückkehrte, hatten sich meine Eltern inzwischen ein nettes kleines Häuschen kaufen können: 16. Straße

1011 in Hermosa Beach, am Hang über dem Highway 101. Zum erstenmal besaßen sie ein eigenes Haus. Im Jahr 1949 entschloß ich mich, mein GI-Stipendium in Anspruch zu nehmen, und schrieb mich im El Camino Junior College in Lawndale ein. Als Hauptfach nahm ich Musik, als Nebenfach Englisch. Im Unterricht hatte ich erneut das alte Problem: mein Gehör. El Camino war damals kaum ein richtiges College, der Unterricht fand in Gebäuden statt, die verdächtig nach alten Kasernen aussahen.

Dort lernte ich Andy Lambert kennen, sein Bruder Jack stand gerade am Beginn einer Filmschauspieler-Karriere. Andy spielte Baß in einem Trio, das in einem Club namens *High Seas* in Hermosa Beach auftrat. Er war in den Dreißigern und hatte bei der Marine ein Bein verloren. Er kam mit seinem Holzbein mittlerweile ganz gut zurecht. Wir freundeten uns an, und er lud mich in den Club ein, zu einer Session mit seiner Band.

Andy war es auch, der mich mit Gras bekannt machte, er sei gesegnet! Ich fuhr völlig darauf ab, die nächsten acht Jahre rauchte ich Gras, bis ich dann auch anderes probierte und schließlich bei härteren Sachen landete. Ich mochte Heroin sehr gern, und in der einen oder anderen Form nahm ich es fast ständig während der nächsten zwanzig Jahre (Methadon eingeschlossen, das einem allerdings nicht dieses euphorische Gefühl gibt, es sei denn, man ist clean).

Ich stieg also im *High Seas* ein. Mit Andy und dem Gitarristen Gene Sargent konnte ich gut, während der (hervorragende) Pianist und Bandleader wohl etwas gegen mich hatte. Er schien überhaupt einer jener Typen zu sein, die gegen jeden etwas haben, der in sein Rampenlicht kommen könnte. Gene und Andy mochten meinen Stil, und durch sie lernte ich Jimmy Rowles kennen, der damals Pianist bei Peggy Lee im *Ciro's* am Sunset Boulevard war. Gene bezahlte den Gewerkschaftsbeitrag für mich, er schwindelte denen vor, daß die Gruppe nach Bombay fliegen müsse und daß sie mich dabei bräuchten. Kane, der eifersüchtige Pianist, hatte etwas gegen den Deal, was ich mir fast gedacht hatte.

Danach kreuzte ich so oft ich konnte in Jimmy Rowles' Wohnung auf, zwischen zwölf und eins zu Mittag. Manchmal schlief er noch, aber er war immer nett und ließ mich immer rein. Ich wartete, bis er gefrühstückt hatte, und bat ihn dann, mir ein paar Stücke vorzuspielen. Er schien mehr Songs zu kennen als jeder andere. Und die guten sowieso. Ich lernte eine Menge von ihm: die Sachen einfach zu halten und nicht zu viele Noten auf der Trompete zu spielen.

Manchmal habe ich den Eindruck, daß die meisten Leute von nur drei Dingen beeindruckt sind: wie schnell man spielt, wie hoch man spielt und wie laut man spielt. Ich finde das ziemlich ärgerlich, aber inzwischen habe ich viel mehr Erfahrung, und ich weiß, daß weniger als zwei Prozent des Publikums wirklich hören können. Wenn ich sage hören, dann meine ich damit, den Ideen eines Trompeters zu folgen und diese im Verhältnis zu den Harmoniewechseln zu verstehen, gerade wenn die Harmonien wirklich modern sind. Dixie ist anders – man kann leichter folgen, Rock ist sogar noch simpler als Dixie, ein paar der wenigen wirklich guten Rockmusiker (oder Variationen davon) ausgenommen, wie Herbie Hancock, John Scofield, Mike und Randy Brecker und noch einige andere.

Zu der Zeit war ich bei vielen Sessions in ganz L. A. dabei, fast jeden Abend fand sich ein Ort zum Spielen. Jeden Sonntag gab es eine Session von zwei Uhr mittags bis zwei Uhr nachts, die – keine Ahnung, wie – von dem Bassisten Howard Rumsey geleitet wurde. Folglich swingte die Session auch nur dann, wenn ein anderer Bassist einstieg. Howard Rumsey war der einzige professionelle Bassist, den ich kenne, der genau in der Mitte des Beats spielte. Wenn man das absichtlich machen will, ist es sehr schwierig, aber für Howard war das offenbar ein leichtes. Dessen ungeachtet lernte ich viel von den guten Musikern, die gelegentlich mit dabei waren, Leute wie Shelly Manne, Shorty Rogers, Hampton Hawes, Dexter Gordon, Sonny Clark, Frank Morgan, Stan Levey, Lawrence Marable, Bill Holman, Art Pepper, Bob Whitlock, Monty Budwig und viele andere.

Die besten Sessions fanden damals allerdings draußen im Valley statt. Kalifornier erinnern sich bestimmt an das *Showtime* am Sepulveda Boulevard. Na gut, als ich die ersten paar Male dort aufkreuzte, durfte ich nicht mitspielen. Schließlich durfte ich doch einsteigen – aber nur einmal in einem einzigen Set. Es war eben eine ziemliche Cliquenwirtschaft. Herbie Harper leitete das Ganze, die Rhythmus-Gruppe bestand aus Joe Mondragon, Shelly Manne und vielleicht noch Lou Levy oder Jimmy Rowles. Nach einer Weile durfte ich einen ganzen Set mitspielen, dann zwei Sets, und schließlich übernahm ich die ganze Chose, und wer mitspielen wollte, mußte mich fragen. Dave Pell war damals dabei, ebenso Steve White, Joe Maini, Herb Geller, Frank Rosolino, ein Trompeter namens Kenny Bright, der scheinbar spurlos verschwunden ist, dann Conte Candoli und Jack Sheldon. Es waren so viele erstklassige Jungs, Al Porcino, Claude und Stu Williamson, Dexter Gordon, Lennie Niehaus, Jack Montrose, Bob Gordon, Red Mitchell, Harry Babison, Oscar Pettiford, Lawrence Marable, Sonny Criss, Frank Morgan und Russ Freeman. Ein paarmal fuhr ich sogar nach Santa Barbara zu einer Session, wo ich Bill Perkins kennenlernte.

Manchmal ging ich nach Manhattan Beach in einen Club namens *Esther's,* wo der große Matt Dennis arbeitete. Er war ein absolut großartiger Kerl, und ich bat ihn jedesmal, sein Stück „Everything Happens to Me“ zu spielen. Manchmal ließ er mich mitspielen. Irgendwann haben dann dort regelmäßig Sessions stattgefunden, und nach ein paar Wochen lernte ich die zweite (Gisela war die erste) jener wunderbaren Frauen kennen, der noch eine ganze Reihe folgen sollte.

fünf

lived in his life. I gave him a fit.
t quit her job in ITALY and began travel
ith me, all kinds of stories about me and
ed her father and mother. One story was
, ~~was~~ had abducted Carol, and was keeping her
nst her will by giving her heroin. That is
came out in a scandal paper in London. Ca
l's father started getting phone calls about
ing all the bullshit in the papers, he deci
for himself. He and Carol's mother arrive
evening while I was appearing at an exc
b on the via Veneto, the Rupe Tarpea. One
rol and they knew everything was cool, she w
a dark green sequined evening dress and
tiful. He explained about all the publicity
papers. One newspaper even print ~~that~~ a s
looking for us. They remained in Roma a co
returned to England, satisfied that their d
being abused by some maniac, but they
now. I was using again and Carol w
Under the circumstances, I'd have to g
As for remaining cool and calm; most g

SHERRY WAR EINE kleine, sehr attraktive Achtzehnjährige mit guter Figur, und es war Liebe auf den ersten Blick. Wir waren ein paar Monate lang unzertrennlich, bis sie schwanger wurde. Ich brachte sie nach Hause zu meinen Eltern, wo wir überlegen wollten, was zu tun sei. Meine Eltern verhielten sich großartig und waren uns sogar behilflich, einen Arzt zu finden, der uns aus unserer Lage heraushelfen würde. Sherry war eine so liebenswürdige Süße, ich hätte sie auch geheiratet und sie das Kind bekommen lassen, aber da ich so gut wie nichts verdiente und auch keine eigene Wohnung hatte, drängten mich meine Eltern, mit ihr Schluß zu machen. Vielleicht befürchteten sie, daß sie noch einmal schwanger werden würde, vielleicht hatten sie auch nur wirtschaftliche Gründe. Wie auch immer, ich habe sie wirklich vermißt, und von Zeit zu Zeit erinnere ich mich an sie – mit Wärme und Zuneigung. Ich hoffe, daß sie Glück und Liebe bei jemandem gefunden hat, der ihren Wert auch zu schätzen weiß.

Bald darauf beschloß ich, wieder einmal von zu Hause auszuziehen. Ich tat mich mit drei der abgedrehtesten Typen zusammen, die man sich vorstellen kann. Jimmy McKean war ein außerordentlich talentierter Schlagzeuger, er war mit beiden Händen gleich geschickt und hatte den Ruf, einen der größten Schwänze westlich der Sierra Madres zu haben. Manuel war ein total abgefahrener Typ, kein Musiker, sein Hauptinteresse schien darin zu bestehen, herauszufinden, wieviel Gras er vor der Wiederkunft Christi wegkiffen konnte. Und Don Sparky, der wird bei einigen Leuten in Inglewood ob seiner Possen in der Drogenszene in Erinnerung bleiben, die ihn letztlich das Leben kosteten. Jimmy weilt auch nicht mehr unter den Lebenden, aber 1950 waren wir alle noch ziemlich lebendig, und ein, zwei Kilo lagen bei uns immer herum. Manchmal saßen wir an einem niedrigen Couchtisch, vor uns stapelweise frisches Gras und loses Papier. Dann drehten wir eine Stunde lang Joints um die Wette – für den Verkauf. Don war immer vorsichtig genug, sich nicht erwischen zu lassen. Er und Manuel waren dick im Zwei-Joints-pro-Dollar-Geschäft. Don besorgte auch alles Mögliche zum Großhandelspreis. Er war ein toller Bursche.

Es ging uns allen ziemlich gut im Sommer 1950. Ich mußte vom El Camino College abgehen, mitten im zweiten Jahr. Mein Musiklehrer sagte mir, ich würde es als Musiker nie zu etwas bringen, und da ich nie ernsthaft vorhatte, Englischlehrer zu werden, machte ich meinen Abgang. Ich machte weiter Musik und spielte auf so vielen Sessions wie möglich. Ich dürfte so ziemlich auf jeder Session in L. A. County gewesen sein, die es gab. Ich freundete mich mit dem Schlagzeuger Bob Neal an, wir sausten zusammen herum, und beinahe jeden Tag kreuzten wir bei Russ Freeman auf.

In Hermosa Beach war im Sommer 1950 der Bär los. Hunderte von hübschen jungen Dingern lagen überall am Strand herum, die Kerle gingen auf und ab, ließen ihre Muskeln spielen und redeten schlau daher. In ihren Versuchen, die Aufmerksamkeit der weiblichen Wesen zu erregen, waren sie Pfauen nicht unähnlich. Am besten war es sonntags im *Lighthouse,* wenn all die schönen Leute im Badedreß kamen, an der Bar und an den Tischen saßen, an einem kühlen Bier nippten und die Musik genossen. Der einzige Spielverderber war ein großer, dämlicher Zivilbulle, der hereinkam und herumstand, auf der Suche nach jemandem, den er hochnehmen könnte. Er hieß Charlie Sonstwas und war das, was die meisten Leute ein echtes Arschloch nennen würden. Er benahm sich, als wäre er von Gott verpflichtet worden, um Leuten den Spaß zu verderben. Mich ließ er in Ruhe, aber ein paar seiner Kollegen hatten etliche befreundete Musiker hochgenommen, als sie auf dem Heimweg vom Club waren. Ich haßte diese Bastarde und alles, wofür sie standen, und ich glaube, er wußte das, aber solange ich clean war, hatte ich nichts zu befürchten. Ich will aber hier nicht zu viele Polizeigeschichten erzählen, das kommt später.

Eines Tages fiel mir eine schöne Blondine an der Bar auf. Ich hatte sie schon ein paarmal gesehen und mir vorgenommen, sie anzumachen, sobald sie noch mal auftauchen würde. Als der Set vorbei war, wühlte ich mich durch den vollen Club, bis ich neben ihr stand. Ich weiß nicht mehr genau, was ich sagte, aber eine halbe Stunde später saßen wir im neuen Buick ihres Vaters bei den Klippen von Palos Verdes. Sie hieß Charlaine, und sie hatte was ganz Besonderes. Die nächsten zwei oder drei Monate lang trieben wir es ständig miteinander – sie mochte es, gebumst zu werden, und ich mochte es, sie zu bumsen. Vor dem Haus in Lynwood, wo sie wohnte, brachten wir es einmal auf neun Nummern in drei Stunden. Ich stand voll auf Charlaine, aber ich war nicht der einzige. Es gab da noch einen Knaben, der auch auf sie abfuhr. Ich stritt mich mit Charlaine deswegen und wegen ein paar anderer Dinge, und am Ende habe ich mich, ohne lange zu fackeln, für drei Jahre bei der Sixth Army Band in San Francisco verpflichtet.

sechs

friend in his life. I gave him a fit.
t quit her job in ITALY and began trav
with me, all kinds of stories about me and
ted her father and mother. One story was
, had abducted Carol, and was keeping he
nst her will by giving her heroin. That s
came out in a scandal paper in London. Th
ol's father started getting phone calls abou
ing all the bullshit in the papers, he deci
for himself. He and Carol's mother arriv
evening while I was appearing at an exc
b on the via Veneto, the Rupe Tarpea. One
rol and they knew everything was cool, she
a dark green sequined evening dress and
tifal. He explained about all the publicity
papers. One newspaper even print a s
looking for us. They remained in Roma a co
returned to England, satisfied that their
being abused by some maniac, but they
now. I was using again and Carol w
Under the circumstances, I'd have to g
A for remaining cool and calm; most g

Presidio war ein sehr schöner Militärstützpunkt in der Nähe der Golden-Gate-Brücke, umgeben von einem dunklen Pinienwald. Ich hatte bald herausgefunden, wo etwas los war. Ich lernte schnell ein paar Leute kennen und stieg ein bei Cal Tjader im *Facks,* bei Dave Brubeck und Paul Desmond im *Blackhawk,* ich war Stammgast im *Bop City,* einem Nachtclub, der nicht vor zwei Uhr morgens aufmachte. Wigmo war da, Johnny Baker und Frank Foster (der auch in der Army war) spielten mit, auch Pony Poindexter. Nachdem ich sechs Monate durch das nächtliche San Francisco gezogen war, versöhnte ich mich mit Charlaine, und wir heirateten in Las Vegas. Ich hatte drei Tage Urlaub genommen, und wir zogen in ein Zimmer in der Lombard Street. Von nun an war die Sixth Army Band eine Art Tagesgig. Jeden Tag erschien ich zum Morgenappell, war vormittags bei den Band-Proben dabei und hatte normalerweise nachmittags frei, ging nach Hause und schlief eine Runde. Um Mitternacht stand ich auf, ging ins *Bop City,* spielte dort bis halb sechs, raste in die Kaserne, Morgenappell, und so fort. So ging es monatelang, bis ich die Nase von der Army voll hatte und mir einen Dreh ausdachte, der mir zur Entlassung verhelfen sollte.

Ungefähr zur selben Zeit war es zwei Flötisten gelungen, entlassen zu werden. Einer von ihnen versetzte sich in Trance, ich habe es zwar nicht mit eigenen Augen gesehen, aber er soll von zwei Sanitätern aus der Kaserne getragen worden sein. Einer nahm ihn an den Füßen, der andere an den Schultern, ohne Trage. Er war steif wie ein Brett, und sie versuchten vergebens, ihn zurückzuholen, selbst ein Nadelstich in die Fußsohle half nicht. Der andere erzählte dem Bandleader von dem kleinen Mann in seiner Flöte, der all die falschen Töne spielt. Beide wurden entlassen.

Mein Plan war nicht so einfach, aber doch einfach genug. Hinter den Kasernen verlief eine Straße, und auf der anderen Straßenseite war dichtes Gebüsch, das ich als meine Privattoilette zu nutzen begann. Das machte ich einen Monat lang und meldete mich dann beim Psychiater des Standortes an, einem jungen Leutnant, der sehr nett war, aber auch ein wenig unerfahren. Er machte alle vorgeschriebenen Tests mit mir, zeigte mir Tintenkleckse und ließ mich einen Fragebogen mit 650 Fragen ausfüllen, der der Army wohl Auskunft über den Zustand meines Kopfes geben sollte. Da wurde zum Beispiel gefragt: „Wenn Sie die Wahl hätten, wären Sie lieber Waldaufseher, Mechaniker oder Florist?“ Ich entschied mich immer für die femininste Antwort. Ich sagte ihm auch, daß ich seit Jahren kiffen würde; ich sagte außerdem, daß ich morgens die Toiletten in der Kaserne nicht benutzen könnte, wo all die anderen Kerle herumhingen, denn obwohl ich außerhalb wohnte, mußte ich jeden Tag in die Kaserne. Ich erklärte ihm, es würde mir Unbehagen bereiten, jene aufgereihten Kloschüsseln zu benutzen, um etwas zu erledigen, was ich lieber für mich allein erledigen würde, und so weiter und so fort. Ich redete jede Menge verrücktes Zeug. Nachdem ich alle Tests und den Fragebogen absolviert hatte, erklärte mir der Arzt, daß es einige Zeit dauern würde, bis die Resultate da wären, und daß es sogar bis zu zwei Wochen dauern könnte, bis er mir etwas über das Ergebnis sagen könnte.

Eine Woche später wurde ich nach Fort Huachuca in Arizona versetzt. Anscheinend war von irgendeinem hohen Tier die Anweisung gekommen, eine Kapelle aus all jenen Musikern zu bilden, die beim Notenlesen nicht bestanden hatten oder sonst irgendwie aus der Reihe tanzten, weil sie kifften oder sonstwie verrückt spielten. Da saß ich nun, herausgerissen aus meiner angenehmen San-Francisco-Routine, getrennt von meiner Frau und ausgesetzt am Arsch der Welt. Zwei Monate lang hielt ich es aus, dann hatte ich die Schnauze voll und entfernte mich „unerlaubt“ von der Truppe. Später hörte ich, daß nach meinem Abgang ungefähr ein Drittel der Band ebenfalls verschwand, der zuständige Oberstabsfeldwebel erlitt einen Nervenzusammenbruch und mußte eine lange Pause einlegen. Immer wieder einmal treffe ich jemanden, der zur selben Zeit auch dort war, wir erinnern uns dann an die guten alten Zeiten und wie high wir alle waren – die Grenze zu Mexiko war kaum dreißig Meilen von Fort Huachuca entfernt, und das Gras kostete nur dreißig Dollar das Kilo.

sieben

y ... and ... imaging clean f...
much to the amazement of the f...
...ded a monthly music specimen, h...
...t me of the book I began to ge...
...ually upon the return of someone
...antan in London. They would alw...
...ce taste of heroin and cocaine. Some...
...ENE; Maurice Van Bers ex old lady
...h good; it had been stepped on ...
... shoot a half a spoon to feel anyth...
...: 20 mins Madam Ricards "Chat
from all over
... every night. Musicians came in.
...l of Madam Ricards home made chile.
...out of the kitchen finally and a f...
... me his Flugelhorn, an old French ...
... it. He eventually gave it to me a...
...using it on all the albums I a...
... "The best jazz album of 64-5", with
...

Ich kehrte nach L. A. zurück und genoß einen wunderbaren Monat mit meiner jungen, schönen Frau. Charlaine wohnte in einem kleinen Bungalow hinter ihrem Elternhaus in Lynwood. Wir verbrachten einen Monat voller Liebe und Muße miteinander. Jeden Abend holte ich Charlaine von dem Kleidergeschäft ab, in dem sie Arbeit gefunden hatte, und wir gingen aus. Zwischen uns war damals alles bestens. Ich erklärte ihr, was ich in Presidio alles versucht hatte, um aus der Army entlassen zu werden, und es war klar, daß das, was folgen würde, nicht sehr angenehm werden würde, daß mir aber keine andere Wahl geblieben war.

Ich kehrte nach San Francisco zurück und meldete mich bei dem jungen Leutnant Seelendoktor, der mich schon untersucht und getestet hatte. Er schien ein verträglicher Kerl zu sein. Er erklärte mir, daß ich ohne die Versetzung aufgrund meiner Testergebnisse und seiner Untersuchung entlassen worden wäre. Er konnte mir allerdings nicht erklären, warum in Presidio mein Fall die unmittelbare Entlassung erfordert hätte, während dies in Fort Huachuca nicht der Fall war. Der Leutnant ging mit mir zur Militärpolizei, und ehe ich mich versah, landete ich im Bau. Ich mußte da so schnell wie möglich wieder rauskommen. Ein paar Tage lang lief ich mit den anderen armen Teufeln auf dem ganzen Gelände herum, wobei wir alles mögliche aufsammeln mußten, was da nicht hingehörte. Mit Gewehren bewaffnete Militärpolizisten bewachten uns, und abends mußten wir in Formation marschieren und jede Menge Liegestütze machen. Jeden Abend schaffte es einer, ein Handtuch in einen Lkw-Tank zu stopfen, später konnte, wer wollte, daran schnüffeln und high werden. Ich habe keine Ahnung, wie das stinkende Handtuch jeden Abend hineingeschmuggelt wurde, denn wir wurden alle durchsucht. Als ich den Jungs beim Schnüffeln zusah, kam mir die Erinnerung hoch, wie ich als Kind während des Krieges Benzin aus einem Auto gezapft und davon ein paarmal einen Rausch bekommen hatte. Hätte mich damals jemand erwischt, ich wäre nicht fähig gewesen, mich zu bewegen. Ich erlebte jene Momente noch einmal, meine Augen ins Leere gerichtet, da holte mich ein Schulterklopfen zurück; jemand bot mir das Handtuch an. Als ich sagte: „Nein danke, mir geht's beschissen genug", zuckte er nur mit den Schultern und ging weg. Aber so war es nun mal. Ich verfiel wieder in meine Tagträumereien und durchlebte meine ganze Vergangenheit noch einmal. Ich war völlig gedankenverloren, und auf einmal hoben mich zwei Wächter hoch, sie stützten mich und halfen mir runter in eine Einzelzelle im Erdgeschoß. Jemand gab mir eine rote Pille und sagte: „Nimm das, und ruh dich aus." Am nächsten Tag weckten mich

Schlüsselgeklapper und Türenschlagen, die Wächter brüllten die Anweisung an die Gefangenen, sich aufzustellen und herauszutreten. Dann wurde es wieder ruhig, und mir wurde klar, daß ich eingeschlossen bleiben würde. Eine halbe Stunde später erfuhr ich, daß ich auf die geschlossene Abteilung der neuropsychiatrischen Station verlegt werden sollte.

Ich wurde zu einem Mann in eine Zelle gesperrt, der vermutlich einen Explosionsschock erlitten hatte. Tagsüber war er völlig gelassen und gut drauf – aber nachts ging es mit ihm durch. In den nächsten drei Wochen wachte ich vier- oder fünfmal vom Gebrüll dieses Typen auf, der auf seinem Bett stand und mit geschlossenen Augen nach einem imaginären Feind trat und schlug. Jedesmal ging dann die Tür auf, und drei oder vier Wärter stürzten herein. Ich weiß nicht, wie er es schaffte, mit geschlossenen Augen Treffer zu landen, aber die Jungs hatten gut zu tun, bis sie ihn in der Zwangsjacke hatten und auf dem Bett festbinden konnten. Einige der Patienten waren auf Thyroxin, Elavil, Stellazine und Phenobarbital. Einige wurden mit Elektroschocks behandelt. Ein paar Wärter holten einen Mann heraus, und fünf Minuten später hörte man ihn ein paarmal schreien, es waren wirklich schreckliche Schreie. Kurz darauf brachten sie ihn, bewußtlos zwischen ihnen hängend, in seine Zelle zurück.

Jeden Tag kam ein gewisser „Hauptmann K" zur Visite, der für die Station zuständig war. Er befragte mich, machte sich auf seinem kleinen Block ein paar Notizen und war fünf Minuten später beim nächsten Patienten. Es läßt sich sicher leicht vorstellen, wie mir zumute war, als ich nach drei Wochen erfuhr, daß man mich entlassen würde. Es war eine endgültige Entlassung, das hieß, man erachtete mich als „ungeeignet für den Militärdienst". Ich kam sofort auf die reguläre, offene Station, wo ich meiner Entlassung harrte.

acht

... called. ...

he." An elderly woman named Madam Ricard owned the ol...
...in an apartment upstairs. The apa...
arranged in such a way that ...
titioned into 2 small apartments, ...
move upstairs, The police conti...
...ns for a long time. Every month I'd ...
...from some inspector and within 24...
...myself to his office for an examination; if...
...in France. Business was good at the ...
...ing Dean down to the cave alley into to ...
down the bar; everyone wanted to hold ...
...ith many European musicians during the nex...
...tery and John Poole flew in from Denmark...
... The "Chez Ali" was in the Algerian ...
from the Bastille. Two or three days a ...
with friends to sit drinking Algerian ...
... one of the staff would roll a huge cone sh...
We would smoke and drink tea. ...
...town when all the musicians came in.
...ts, hand drums of all kinds, guitars, ...
...ouple of guys would really sing. ...
...lan Eager came through and so was...

Zurück in L. A. fand ich bald Arbeit bei Vido Musso. Er hatte eine Zeitlang bei Stan Kenton gespielt, „Come Back to Sorrento“ auf Platte aufgenommen und hatte es nun geschafft, eine eigene Band zusammenzustellen und aufzutreten. Mein alter Kumpel Jimmy McKean spielte Schlagzeug, am Piano war Gil Barrios, und an den Bassisten erinnere ich mich nicht mehr, es könnte Monty Budwig gewesen sein. Nach einer Weile wechselte ich von Vido zur Band von Stan Getz – das war wirklich eine Erfahrung. Bis dahin war ich nie so richtig auf Stoff draufgewesen, hatte es allerdings ein paarmal probiert. Damals war die Qualität noch ziemlich gut, und es endete normalerweise damit, daß ich ganz schön high wurde, mir aber anschließend die Seele aus dem Leib kotzte. Wieder und wieder habe ich mir geschworen, die Finger davon zu lassen.

Eines Tages war ich mit Jymie Merritt auf dem Weg zu Larry Bangham. Schon in der Hauseinfahrt hörten wir Bach aus einem alten Harmonium quellen. Die Musik kam aus einer alten Scheune hinter dem Haus. Als wir anklopften, brach die Musik ab, gleich darauf sprang die Tür auf und gab den Blick frei auf das schallgedämpfte Innere. Wir wurden hereingebeten, Jymie zündete sich sofort einen Joint an, und wir sprachen über gemeinsame Auftritte. Ein paar Wochen später zog ich zusammen mit Larry, Jimmy McLeller und Bob Whitlock in ein ehemaliges Personalwohnhaus, das zu einer großen Villa an der Promenade von Redondo Beach gehörte. Larry besorgte sich irgendwo einen Stutzflügel und stimmte ihn. Er spielte jeden Tag vier Stunden lang. Er hatte eine Art, außerhalb des Takts zu spielen, die, wenn er mit anderen zusammen spielte, alle durcheinanderbrachte. Wenn er aber nur für sich spielte, war es etwas ganz Besonderes. Nichtsdestotrotz haben wir oft zu viert gespielt.

Zu der Zeit arbeitete Bob Whitlock mit George Shearing zusammen, Jymie Merritt spielte ein paar Gigs mit Freddie „Schnicklefritz" Fisher, und ich war bei Stan Getz. Larry Bangham spielte eifrig weiter, aber nach ein paar erfolglosen Jahren im Jazz gab er auf und fing an zu malen. Er bekam einen Job bei Pittsburgh Paints, wo er Farben mischte, und nach ein paar Monaten malte er Küstenlandschaften, aus dem Gedächtnis. Er fuhr zu den Klippen von Palos Verdes, schaute hinunter auf die Wellen, die sich an den Riffen brachen, ging dann nach Hause und malte, was er gesehen hatte. Ich frage mich oft, was aus Larry Bangham geworden ist.

An einem Sommertag des Jahres 1952 kam ich nach Hause und fand ein Telegramm unter der Tür. Ich glaube, es war von Dick Bock. Darin stand, daß Charlie Parker einen Trompeter für ein paar Club-Gigs in Kalifornien suchte. Noch am gleichen Tag, nachmittags um drei, sollte im *Tiffany Club* ein Vorspielen stattfinden. Ich raste hin, kam ein bißchen zu spät und konnte schon von draußen Bird hören, der mit einem Trompeter ein Stück durchging. Ich ging in den abgedunkelten Club und konnte Bird ausmachen, der oben auf der Bühne durch einen Blues rauschte. Ein, zwei Minuten saß ich da und schaute mich um. Ich erkannte viele Trompeter, und ich kannte auch viele von den anderen Leuten, die alle irgendwie herausgefunden hatten, daß Bird hier war. Ich sah jemanden zu Bird auf die Bühne gehen und ihm etwas sagen. Ich fühlte mich unbehaglich und wurde ziemlich nervös, als der daraufhin in die Menge hinein fragte, ob ich im Club sei. Und daß ich auf die Bühne kommen solle, um mit ihm zusammen zu spielen. Er hatte all die anderen Jungs übersprungen, von denen manche viel erfahrener als ich waren und die jede Note lesen konnten, die man ihnen vor die Nase hielt.

Wir spielten zwei Stücke. Das erste war „The Song Is You“ und danach einen Blues, den Bird geschrieben hatte, „Cheryl“ in G-Dur, was ich zum Glück draufhatte. Nach „Cheryl“ erklärte er das Vorspielen für beendet, dankte allen für ihr Kommen und gab bekannt, daß er mich für den Gig engagieren wird. Wir spielten zwei Wochen im *Tiffany*, zusammen mit Scatman Crothers – es könnte allerdings auch Harry the Hipster (Gibson) gewesen sein. Jedenfalls war es unglaublich, zusammen mit Bird auf der Bühne zu stehen. Jeden Abend spielten wir zuerst ein schnelles Stück. Danach war der Rest des Abends eher leicht. Bird war ein makelloser Spieler. Obwohl er sich löffelweise Stoff reinzog und Dreiviertelliterflaschen *Hennessy* trank, schien das bei ihm wenig oder gar keinen Effekt zu haben. Ich bewunderte sein Stehvermögen. Er behandelte mich wie einen Sohn und verjagte alle Typen, die versuchten, mir Shit anzudrehen.

Während der Pausen fuhr ich ihn zu einer Taco-Bude ein paar Blocks weiter, wo er dann zwölf *Tacitos* mit grüner Soße aß, er stand da drauf. Nachmittags fuhren wir manchmal an die Küste zwischen Palos Verdes und San Pedro. Bird ging hinaus auf die Klippen und starrte eine halbe Stunde lang auf das Meer, oder er beobachtete, wie sich unter ihm die Wellen an den Felsen brachen. Ich bin sicher, er mochte Kalifornien sehr, denn er genoß die weite Landschaft, den Strand und die Frauen. Wir spielten ein paar Gigs bei Billy Berg, der alte *54 Ballroom* an der 54. Straße Ecke Central war wegen Bird gerammelt voll. Hunderte von strahlenden schwarzen Menschen erwiesen ihm den Respekt und die Bewunderung, die er so reichlich verdiente. Er machte sie glücklich, brachte sie zum Tanzen und unterhielt sie mit seinen Ideen und seinem Herzen. Sie liebten ihn dafür.

Kaum hatten wir eine kleine Tour durch North Bakersfield, San Francisco, Seattle und Vancouver beendet, zusammen mit Dave Brubeck und Ella Fitzgerald, und just den dritten Abend in einem Club namens *Say When* hinter uns, als wir gefeuert wurden. Während unseres Engagements waren wir bei einem großen Benefizkonzert für Multiple-Sklerose-Kranke aufgetreten, wie fast alle anderen Künstler auch, die gerade in der Gegend waren. Es war eine Riesenshow, bei der die Leute aus Restaurants, Clubs, Hotels oder von zu Hause aus anrufen und per Telefon ihre Spenden ankündigen konnten. Direkt nach unserem Fernsehauftritt kehrten wir schnurstracks in den Club zurück und spielten unseren ersten Set. Danach ging Bird ans Mikrofon und kündigte an, daß er einen Hut unter den Gästen herumgehen lassen werde, um für die Multiple-Sklerose-Kranken zu sammeln, und daß der Club die gesammelte Summe noch einmal drauflegen werde. Das hat er natürlich völlig in eigener Regie gesagt, ohne daß er vorher mit dem Manager des Clubs gesprochen hätte, einem harten Burschen namens Dutch. Nachdem der Hut herum war, ging Bird an die Bar und zählte unter aller Augen das Geld. Es waren 125 Dollar zusammengekommen. Natürlich weigerte sich Dutch, seine 125 Dollar draufzulegen. Die Leute fingen an zu toben, sie trommelten auf den Tischen herum, es kam fast zu einer Schlägerei, und, wie gesagt, das war das Ende unseres Engagements. Später muß Bird mit einer Zigarette in der Hand eingeschlafen sein, die seine Matratze in Brand setzte. Er wohnte in einem Hotel auf der gegenüberliegenden Straßenseite, wir wurden alle wach, als die Feuerwehr kam und Birds Matratze auf die Straße warf. O Bird, es war nie langweilig.

Charlie Parker ging nach New York zurück und ich nach L. A., wo ich ein paar Abende mit Freddie „Schnicklefritz“ Fisher im *Seal Beach* spielte. Nach Bird war das wie von einem Extrem ins andere. Freddie muß damals etwa sechzig gewesen sein. Er war Dixie-Klarinettist und reicherte seine Auftritte mit einer besonderen Nummer an: Er hatte eine Gummimatte in der Form großer Brüste, die er auf den Boden warf. Dann zog er Socken und Schuhe aus und hüpfte auf der Matte herum, während er absurdes und schlüpfriges Zeugs von sich gab. Ich konnte die meiste Zeit vor Lachen kaum noch spielen. Er war der Meinung, ich klang sehr nach Bix, und es machte mir auch Spaß, ein bißchen Dixie zu spielen, aber es war nicht das, was ich wirklich wollte. Wie die meisten Jungs, die sich für Jazz interessierten, hatte ich Miles' Album *Birth of the Cool* gehört, als es 1949/50 veröffentlicht wurde. Mit Arrangements von Gerry Mulligan und Kompositionen von Mulligan, John Carisi, Gil Evans. Und strotzend vor Talenten wie Lee Konitz, J. J. Johnson oder Max Roach. Sogar heute, fast dreißig Jahre danach, höre ich es mir noch oft an.

Als ich mitbekam, daß Gerry von New York nach L. A. getrampt war und eine Band zusammenstellen wollte, war ich neugierig darauf, mehr über den Mann herauszufinden. Ein paar Wochen später wurde ich zu einer Probe mit Mulligan gerufen, sie endete in einem Riesenstreit zwischen Gerry und irgendeiner Tussi (Gail Madden), die mit ihm aus New York gekommen war. Sie spielte ein bißchen mit den Maracas herum, meist aber ging sie Gerry einfach auf die Nerven und stand mit ihrem Scheiß nur im Weg. Eine Woche danach meldete er sich wieder bei mir, und wir vereinbarten ein weiteres Treffen, diesmal bei mir zu Hause. Außer Gerry und mir waren auch Chico Hamilton und Bob Whitlock dabei. Unter Gerrys Leitung funkte es sofort bei uns, und ein paar Wochen später begann das, woraus elf Monate an einem Stück werden sollten, in einem kleinen Club gegenüber dem *Ambassador Hotel*, genannt *The Haig*.

Das war ein winziger Club mit höchstens 85 Plätzen. In einem früheren Wohnhaus hatte man ein paar Wände herausgebrochen und das Ganze in einen intimen kleinen Musiksalon verwandelt, mit einer kleinen Bar, zwölf Hockern und vierzehn oder fünfzehn Tischen. Die Band war sofort ein voller Erfolg. Wir bekamen viel Publicity, machten für Dick Bock Plattenaufnahmen, und dies war die Geburtsstunde von Pacific Jazz Records – unter Mithilfe von Roy Harte. Bob Whitlock blieb ein paar Monate dabei, zog es dann aber vor, aufs College zu gehen, er wurde durch Carson Smith ersetzt.

Um diese Zeit wurde ich auch das erstemal festgenommen. Es geschah eines Abends während der Pause. Ich saß mit zwei anderen Musikern in meinem Auto auf dem Parkplatz, um einen Joint durchzuziehen, als ein Polizeiauto vorbeifuhr und neben uns stoppte. Ich ließ das Gras im Wageninneren verschwinden, aber sie fanden es trotzdem. Die beiden anderen waren schon einmal hochgenommen worden, deswegen sprachen wir schnell ab, daß ich das Gras auf meine Kappe nehmen würde. Ersttäter kamen normalerweise mit Bewährung davon. Gegen Kaution kam ich am nächsten Tag frei, allerdings kassierten sie das Auto. Die Bullen, die mich hochnahmen, waren komplette Idioten, denen es Spaß machte, Leute zu nerven und zu verhaften, bei denen sie leichtes Spiel hatten und mit denen sie in die Presse kommen konnten: Musiker, Schauspieler und Berühmtheiten aller Art. Die Dealer oder Leute, die wirklich gefährlich waren, verhafteten sie nie. Das war nicht ihr Stil.

Die Band zog unvermindert Leute an, an Wochenenden standen sie vor der Tür Schlange. Gerry heiratete eine der Kellnerinnen des Clubs, Jeffie, zusammen mit den beiden zogen Charlaine und ich in ein Haus in Hollywood. Gerry war nicht einfach im Umgang, vor allem, wenn er auf Droge war. Er war nervös und übererregbar, und manchmal merkte ich, daß seine langen Finger zitterten, wenn er sein Bariton-Sax spielte. Zu dem Zeitpunkt hatte ich meine Gerichtsverhandlung schon hinter mir, meine drei Jahre Bewährung bekommen, und ich hatte bereits etwa einen Monat wieder gearbeitet. Eines Abends gegen Mitternacht stürmten zwei Bullen den Laden, sie holten uns alle von der Bühne herunter, hatten es aber vor allem auf Gerry abgesehen. Außer daß ich verhaftet sei, sagten sie mir nichts, aber sie nahmen Gerry beiseite, und was sie ihm sagten, schien ihn in höchste Aufregung zu versetzen. Sie müssen ihn völlig durcheinandergebracht haben, denn er ging schließlich mit ihnen nach Hause und zeigte ihnen, wo er neben dem Haus den Stoff und sein Fixerbesteck vergraben hatte.

Sie hatten eigentlich nichts in der Hand gegen ihn, aber sie drohten ihm, daß er schweren Zeiten entgegenginge, daß sie ihm den Arsch aufreißen würden, wenn er nicht auspackte. Sie parkten ein Zivilfahrzeug schräg hinter Jeffies kleinem Hillman Minx und klingelten an der Tür. Jeffie sah den Wagen hinter ihrem Auto, als sie durch die Fenstervorhänge schaute. Sie ging zur Haustür und hörte einen Mann sagen: „Gehört der kleine weiße Wagen Ihnen? Ich hänge auf Ihrer Stoßstange." Charlaine aber traute dem ganzen Scheiß nicht und schloß sich mit dem

Gras auf der Toilette ein. Sie spülte es gerade im WC runter, als Jeffie in ihrem jugendlichen Leichtsinn die Haustür öffnete, um dem Mann den Autoschlüssel zu geben. Sie preschten durch die Tür, machten dabei Jeffie fast platt und rannten zu der Toilette mit der laufenden Spülung. Sie hämmerten an die Tür und stießen allerlei Drohungen aus, für den Fall, daß ihnen nicht aufgemacht würde. Charlaine schloß auf und kam ganz ruhig heraus. In der Toilettenschüssel schwamm gerade noch genug Gras herum, um jemandem was anzuhängen. Die beiden edlen Ritter fischten das Zeug heraus. Sie waren unrechtmäßig und ohne Durchsuchungsbefehl eingedrungen, die sichergestellten Beweismittel reichten kaum zum Wiegen, und doch verhafteten sie drei Leute (Jeffie, Charlaine und mich, der ich noch nicht einmal anwesend gewesen war). Der Drogenbeamte der Staats, ein Bursche namens O'Connor, hatte mittlerweile Wind bekommen von den Methoden der zwei Bullen, die wohl bei der Stadt oder beim Landkreis angestellt waren. Er konnte sie einigermaßen in Schach halten. Daß er Staatsbeamter war, muß sie wohl eingeschüchtert haben, aber wenn er nicht in der Nähe war, konnten sie tückisch werden.

Am Abend unserer Verhaftung brachten sie Gerry und mich in unser Haus. Ich ging hinein, Gerry ging mit den Bullen die Einfahrt hinunter und an die Ecke hinter dem

Haus, wo er ihnen in seinem Durcheinander die ganzen Beweise lieferte, die sie haben wollten. Bis zu dem Zeitpunkt hätten sie ihm allenfalls anhängen können, daß er Einstichstellen hatte. Sie nahmen unsere Personalien auf, sperrten uns eine Stunde lang ein und ließen uns dann gegen Kaution wieder frei – außer Gerry. Wir kamen alle vor Gericht, plädierten auf nicht schuldig und kamen damit durch – außer Gerry. Von einer Minute auf die andere war er wie vom Erdboden verschwunden, wir haben uns sechs Monate lang aus den Augen verloren. Er schrieb mir nie aus dem Knast und nahm auch sonst keinen Kontakt zu mir auf.

Obwohl Gerry auf Droge war, hatte er – was die Musik anging – das Geschäft voll im Griff und eine tolle kleine Band zusammengestellt. An manchen Abenden klang sie wirklich gut, ein völlig neuer Sound ohne Piano. Während unseres Engagements im *Haig* nahm das Mulligan Quartett mehrere LPs auf, etliche für Pacific Jazz und eines für Fantasy. Im Rückblick erstaunt mich, daß wir es so lange zusammen aushielten. Gerry belegte als bester Bariton-Saxophonist den ersten Platz in Down Beat und Metronome, ich gewann in der Sparte Trompete, während er weg vom Fenster war. Ich übernahm dann die Leitung der Band, machte Russ Freeman zum musikalischen Leiter und holte Bob Neal als Schlagzeuger.

Chico verließ uns, um seine eigene Band zu gründen, aber Larry Bunker blieb und auch Carson Smith am Baß. Wir nahmen ein paar Platten für Pacific Jazz auf, als Instrumental-Quartett, Quartett mit Gesang, Gesang mit Russ Freeman, Shelly Manne und Streichern. Wir traten als Sextett auf, mit Shelly, Russ, Bob Brookmeyer und Bud Shank, und als Oktett, mit all den eben Genannten sowie Jack Montrose und Bob Gordon. Ich nahm ein Album für Columbia auf (arrangiert von Shorty Rogers und Marty Paich), auf dem Zoot Sims, Bud Shank, Shelly, Russ und Mondragon mitspielten, die Streicher wurden von Dick Bock für George Avakian produziert. Dick Bock ist einer der liebenswürdigsten Männer, die ich in dem Geschäft jemals getroffen habe, seit ich vor über fünfunddreißig Jahren zu spielen begann.

Ein halbes Jahr später ging ich eines nachmittags den Hollywood Boulevard entlang, als ich Gerry mit Arlene Brown traf. Ihre Ausstrahlung war mir gleich unsympathisch. Gerry wollte sich wohl von Jeffie scheiden lassen und hatte vor, Arlene zu heiraten. In meinen Augen kam er damit von einer Sekunde zur anderen vom Himmel direkt in die Hölle. Arlene war eine kleine jüdische Frau – reichlich unattraktiv, und sie sah so aus, als würde sie schnell zunehmen. Ich hatte natürlich keine Ahnung, wie sie als Mensch war. Sie muß Gerry etwas gegeben haben, was er brauchte, aber rein äußerlich betrachtet war Jeffie süß und hübsch, während Arlene ein schlimmer Finger war. Wir sprachen direkt auf der Straße miteinander, und ich sagte Gerry, ich würde wieder für ihn arbeiten, ganz gleich, ob in Clubs, bei Konzerten oder was auch immer, aber ich wollte dreihundert Dollar pro Woche. „Nicht viel Geld unter diesen Umständen", sagte ich. Beide lachten los und sagten, das sei viel zuviel. Ich verabschiedete mich, wünschte Gerry viel Glück und ging meines Weges. Erst nach langer Zeit bin ich ihm wieder begegnet. Er hatte Arlene geheiratet, und sie hatten einen Sohn bekommen, Reed. Mittlerweile waren sie geschieden, und er war mit einer Sängerin namens Georgia Brown liiert.

Nach der Begegnung mit Gerry unterschrieb ich einen Vertrag bei Joe Glaser von ABC Booking, und danach machte ich mich mit Russ, Bob und Carson auf in Richtung Osten. Von einem Typen in Inglewood, von dem ich wußte, daß er kurz vor der Pleite war, übernahm ich für dreihundert Dollar einen Jaguar samt Zahlungsverpflichtungen. Der Wagen war gerade ein halbes Jahr alt, ein dunkelgrüner Roadster, der mir jede Menge Ärger mit der Polizei eingebracht hätte, wenn sie mich erwischt hätten.

Ich erinnere mich lebhaft daran, wie ich auf einem langen, gut asphaltierten Abschnitt der Route 66 nach Albuquerque fuhr. Der Tacho stand bei 6800, und ich hatte 215 km/h drauf. Es war unglaublich. Ich war vernarrt in den Roadster, aber es war verdammt kalt im Winter bei Tempo 140 oder 150, nur mit dem kleinen Stoffverdeck und dem seitlichen Vorhang. An den Füßen ging es noch, aber oberhalb der Hüfte konnte man es vergessen. Russ weigerte sich ohnehin bei jeder Temperatur, mit mir zu fahren. Ich bin mit ihm einmal durch den L.-A.-Verkehr gebrettert, was damit endete, daß er mich anflehte, anzuhalten und ihn rauszulassen. Danach setzte er sich nie mehr in ein von mir gefahrenes Auto.

Wir verließen L. A. in Richtung New York in einem neuen viertürigen Mercury mit kleinem Anhänger und meinem Roadster. Wir spielten im *Blue Note* in Chicago, wo wir neben Erroll Garner angekündigt wurden, im *Red Lounge* bei Detroit, im *Blue Note* in Philadelphia und im *Storyville* in Boston. Wir machten uns auf den Weg nach Toronto in das *Colonial Inn,* gaben ein paar Konzerte in Colleges und kamen dann nach San Francisco zurück, ins *Blackhawk,* wo ich ein paar Jahre zuvor mit Brubeck gespielt hatte.

In New York hatte ich eine Frau aus Paris kennengelernt, Liliane. Sie war gerade zweiundzwanzig und blieb die nächsten zwei Jahre bei mir. Charlaine und ich drifteten schon eine Weile auseinander, und Liliane war wie eine frische Brise. Sie war lebhaft, schön und eine gute Schachspielerin. In L. A. machten wir wieder Plattenaufnahmen, und ich spielte in einem Film mit John Ireland mit. Ich mochte es überhaupt nicht, so früh aufstehen zu müssen, nur um im Studio in die Maske zu gehen und dann auf dem Set herumzusitzen, während die Beleuchtung und alles aufgebaut wurde. Wenn es mir absolut zu langweilig wurde, kletterte ich ganz oben im Studio herum. Der Film, *Hell's Horizon,* wurde in zehn Tagen abgedreht. In dem Film spielten unter anderen Bill Williams, Hugh Beaumont, Jerry Paris und Marla English mit.

neun

he." An elderly woman named Madam Ricard owned the ol[...]
in an apartment upstairs. The apa[...]
arranged in such a way that [...]
titioned into 2 small apartments, [...]
move upstairs, The police conti[...]
me for a long time. Every month I'd [...]
[...] from some inspector and within 24-[...]
[...] myself to his office for an examination; if [...]
in France. Business was good at the ca[...]
ing Dean down to the cave alley, into to [...]
down the bar; everyone wanted to hold [...]
with many European-musicians during the nex[...]
[...]ay and John Poole flew in from Denmark[...]
[...]. The "Chez Ali" was in the algerian [...]
from the Bastille. Two or three days a [...]
with friends to sit drinking algerian [...]
[...] one of the staff would roll a huge cone sha[...]
. We would smoke and drink tea. [...]
[...]own when all the musicians came in.
[...]s, hand drums of all kinds, guitars, [...]
[...]ouple of guys would really sing. [...]
[...]an Eager came through and so was[...]

Diese Karte wurde entnommen aus:

____

____

Das Buch hat mir

- ☐ gut
- ☐ mittelmäßig
- ☐ gar nicht gefallen

Ich interessiere mich für

- ☐ Rock / Pop
- ☐ Jazz
- ☐ ____________________

☐ Bitte informieren Sie mich laufend über Ihre Neuerscheinungen.

Absender

Vor- und Zuname

Straße / Platz

Postleitzahl

Ort

Bitte
Briefmarke
aufkleben!

An den

hannibal Verlag

Richard Gebhardt-Gasse 3

A-3423 St. Andrä-Wördern

1955 LIEF LILIANES Visum ab, und sie kehrte nach Paris zurück. Ich bat ABC darum, für mich in Europa etwas zu buchen, damit ich mit ihr zusammensein konnte, was auch geschah. Während unseres letzten Engagements in Chicago, kurz bevor das Quartett auseinanderfiel, hatte Russ fürchterliche Migräneanfälle bekommen. Sie waren sehr schmerzhaft und dauerten so lange an, daß Russ den Job aufgeben mußte und nach L. A. zurückkehrte. Ich beschloß, mir eine neue Rhythmus-Gruppe zu suchen. Ich hatte ein sehr gutes Gefühl bei den Jungs, die schließlich zur Band stießen. Einer von ihnen, Dick Twardzik, war gerade aus der Drogenklinik in Lexington, Kentucky, entlassen worden. Er war mir von Peter Littman empfohlen worden, einem jungen Schlagzeuger, der wie Dick aus Boston stammte. Dick und Peter kannten einander schon eine ganze Weile. Dick hatte bei Serge Chaloffs Mutter (Margaret Chaloff) studiert, die eine exzellente Pianistin und Lehrerin war. Ein anderer Neuling war Jimmy Bond, der gerade sein Examen in Juilliard gemacht hatte – mit Kontrabaß und Tuba als Hauptfächer.

Ich flog eine Woche vor der Band nach Paris und fuhr an die Küste, um sie am Hafen abzuholen. Ich fühlte mich toll mit der Band. Mittlerweile glaube ich, daß Dick vom ersten Tag an auf Droge war, aber ich habe es erst Monate später herausgefunden. Ich war damals ziemlich naiv, was es bedeutete, an der Nadel zu hängen, obwohl auch Liliane einiges Interesse an Stoff gezeigt hatte; sie hatte ein bißchen herumgemacht, war aber nie richtig drauf. Paris war 1956 voller Leute, die Stoff nahmen.

Wir traten in Paris im *Salle Pleyel* auf. Dick spielte durchweg makellos, Jimmy Bond auch. Hätte ich nur etwas mehr Durchblick gehabt, vielleicht hätte ich das, was passierte, verhindern können. Nach einem Konzert, irgendwo in der Schweiz, stand ich hinter der Bühne und unterhielt mich mit Leuten, als es plötzlich laut krachte. Ich drehte mich sofort wie alle anderen nach dem Lärm um, und ich sah Dick auf dem Boden liegen. Er war einfach ohnmächtig geworden, und niemand konnte sich einen Reim darauf machen. Wir fanden einen Arzt und ließen die Bühne räumen. Ich möchte betonen, daß Dick stets voll bei der Sache war, pünktlich zur Arbeit kam und immer außerordentlich gut spielte. Er war ein brillanter Bursche und sehr belesen. Schon nach einem Monat in Frankreich hatte er begonnen, etwas Französisch zu sprechen. Er war wirklich begabt, wie auch Peter und Jimmy. Dick kam nach seinem Zusammenbruch wieder auf die Beine, und wir spielten weitere Gigs.

Wir kehrten nach Paris zurück und nahmen ein paar Platten für Nicole Barclay's Firma Blue Star Records auf. Bob Zieff und Dick Twardzik kannten sich aus Boston, sie waren befreundet. Zieff hatte Dick sechs oder sieben Kompositionen, inklusive Arrangements, für Europa mitgegeben. Wir haben diese Stücke und auch eins von Dick alle an einem Nachmittag aufgenommen, sie waren wunderschön. Zieff hatte ihnen Titel gegeben wie „Rondette", „Piece Caprice", „Sad Walk", „Mid Fort E" und „Pomp". Dicks Stück hieß „The Girl From Greenland". Er schien ein Auge auf eine Eskimo-Frau aus Grönland geworfen zu haben, mir war auch aufgefallen, daß er ihr viele Briefe schrieb.

An Bob Zieffs Musik hatte ich richtig Freude. Jede Melodielinie, jede Harmonie unterschied sich von der nächsten, alles entwickelte sich unerwartet und doch rund, logisch und einzigartig. Am Tag nach den Aufnahmen der Zieff-Stücke sollten wir ein weiteres Album aufnehmen. Alle waren da, nur Dick fehlte. Wir warteten eine Stunde. Dann bot Peter an, zu Dick ins Hotel zu gehen, um nachzuschauen, was los ist. Eine weitere Stunde später kam Peter völlig außer sich ins Studio zurück und schrie, daß Dick tot sei. Er berichtete, daß er zusammen mit dem Hotelmanager die Tür aufgebrochen habe, daß Dick ganz blau angelaufen war und die Spritze noch im Arm hatte. Nach Dicks Tod waren wir lange wie gelähmt. Ich schickte Jimmy in die Staaten zurück und hing zusammen mit Peter noch einen Monat in Paris herum. Ich nahm ein Album mit den französischen Musikern Pierre Michelot und Daniel Humair auf, ich lernte Barney Wilen kennen und spielte mit George Arvanitas, Bobby Jaspar, Jacques Pelzer und Benoît Quersin, einem Belgier, und René Urtreger, einem Franzosen. Ich spielte vor amerikanischen Truppen in Deutschland, Frankreich, England und Irland – ich versuchte, mich zu beschäftigen.

Ich warf Peter hinaus, als wir ein Konzert auf einer Army-Base in der Nähe von Paris gaben. Er hatte sich zu merkwürdig aufgeführt. Liliane und ich trennten uns, und ich kehrte in die Staaten zurück. Dort nahm ich mehrere Platten für Bill Grauers Riverside Records auf, meistens mit Kenny Drew, Paul Chambers, Bill Evans und Johnny Griffin. Ich holte Peter wieder zurück, außerdem Phil Urso am Tenor, Bobby Timmons am Piano und Jimmy Bond am Baß. Wir zogen wieder unsere Kreise durch die Jazzclubs der USA. Als wir in Detroit in der *Rouge Lounge* auftraten, lernte ich eine Frau namens Halema kennen. Etwa sechs Monate danach heirateten wir. Immer öfter nahm ich jetzt Drogen, und schließlich hing ich voll drin.

Im Sommer 1957 hatte ich ein Engagement im *Peacock Lane* an der Ecke Hollywood Boulevard und Western. Ein paarmal war ich zehn oder fünfzehn Minuten zu spät gekommen, und der Manager des Clubs drohte, mich beim nächsten Mal hinauszuwerfen. Am nächsten Abend war ich wieder zehn Minuten zu spät dran. Als ich den Hollywood Boulevard überquerte, sah ich auf der linken Seite, vor dem Club, wie zwei Bullen unter einer Straßenlaterne die ausgestreckten Arme von zwei guten Freunden nach Einstichstellen absuchten. Ich fuhr noch fünfzig Meter die Western hoch und stellte den Wagen ab. Halema blieb sitzen, und ich schlüpfte in den Club. Der Manager stand im Gang, zwischen mir und der Bühne – außer uns war noch niemand da. Ich ging auf ihn zu und sagte: „Ich nehme an, ich bin gefeuert?“ Er sagte nur: „Ja.“ Ich ging weiter, holte meine Trompete, ging schnell zur Tür, dann raus und über die Straße zum Wagen.

Die Bullen waren so eifrig bei der Sache, daß sie mich nicht bemerkten. Ich ließ den Motor an und legte den ersten Gang ein, dabei sah ich einen schwarzen Ford in die Western einbiegen. Ich sagte Halema, sie solle sich festhalten (sie war im siebenten Monat schwanger), und ein paar Sekunden später war ich schon an der nächsten Ecke, ungefähr hundert Meter vor den Bullen. Ich bog schnell links ab, dann noch mal links und hatte es geschafft in Richtung Autobahn. Nach dem zweiten Abbiegen hatte ich nichts mehr von ihnen gesehen. Ich wußte, daß sie mich hochnehmen wollten, aber ich hatte keine Ahnung, wie scharf die beiden Bullen auf mich waren. Ich wußte nur, daß ich mich jetzt in meiner Wohnung eine Weile nicht blicken lassen durfte. Ich hielt vor der Autobahnauffahrt an und ließ Halema aussteigen. Ich gab ihr Geld für ein Taxi und sagte, ich würde mich so bald wie möglich bei ihr melden.

Ich fuhr nach Balboa und kam genau rechtzeitig, denn eine Stunde später legte ein Freund namens Bobby Gill mit seinem Boot ab, er wollte für eine Woche auf die Insel San Miguel. Ich entschied mich spontan, alles etwas cooler anzugehen, im Kopf wieder klarer zu werden und mir die Sonne auf die Arme scheinen zu lassen. Ich fuhr also mit. Nach vier Tagen ging es mir schon etwas besser. Tagsüber gab es einiges, was einen davon ablenkte, immer nur daran zu denken, wie elend man sich eigentlich fühlte – etwa die behagliche Wärme der Sonne –, aber nachts, wenn es fünfzehn Grad kälter war, alles schlief und man nur hörte, wie Wind und Wellen gegen das Boot schlugen, hatte ich viel Zeit, um zu spüren, was in meinem Körper vorging. Erst in der sechsten Nacht fand ich schließlich ein paar Stunden Schlaf.

Bobby Gill war der Herr der Leinen. Er war in dreißig Meter Tiefe im Taucheranzug unterwegs und pflückte Abalonemuscheln in einen Netzbeutel. Wenn dieser voll war, hängte er ihn an eine Leine, zog zweimal daran und machte weiter, während der Beutel nach oben gezogen, entleert und wieder nach unten gelassen wurde. Bobby blieb eine Stunde lang unten, in der Zeit brachte er es auf zehn oder zwölf Dutzend Riesenmuscheln. Am Nachmittag des siebenten Tages schlug Bobby vor, ich sollte es auch mal probieren. Ich war schon oft getaucht, mit und ohne Atemgerät, aber noch nie mit einem Taucherhelm und mit Sauerstoffschlauch. Er steckte mich in einen Anzug, brachte auf dem Rücken sorgfältig lagenweise Schläuche an. Dann ließ ich mich von der Bootsleiter fallen, folgte der Leine und sank langsam auf den Meeresboden. Die schweren Bleischuhe waren eine Last und sehr gewöhnungsbedürftig. Nach wenigen Minuten bekam ich kalte Füße, jedenfalls waren sie kälter als normal. Ich begann umherzugehen. Alles war dicht voller Algen. Sie wuchsen vom Boden empor wie ein großer, wogender Wald. Ich blickte nach oben und sah meinen Sauerstoffschlauch in den Algen verschwinden. Die Kälte war inzwischen bis zur Hüfte hochgekrochen. Ich ging meinem Sauerstoffschlauch nach und suchte dort die Leine für den Beutel. Nach fünf Minuten ging mir auf, daß der Sauerstoffschlauch in die andere Richtung lief – ich war falsch gegangen. Als ich die Leine endlich gefunden hatte, reichte mir das Wasser in meinem undichten Anzug schon bis zur Brust. Ich zog zweimal an der Leine und wurde langsam hochgezogen. Ich griff nach der Leiter, verfehlte sie und sank wieder abwärts. Bob kapierte, was passierte, und warf sofort nochmals die Leine ins Wasser; das Bleigewicht schwebte wieder an mir vorbei, ich griff danach und hielt die Leine fest. Als Bob mir den Helm abschraubte, reichte mir das Wasser schon bis zum Genick. Er versicherte mir ruhig, daß der Luftdruck das Wasser aus der Maske herausgehalten hätte. Der Anzug war schon zu Beginn meines Tauchgangs am Rücken leck gewesen.

Am folgenden Abend kam ich nach Hause zurück und hörte, wie es meinen zwei Freunden vor dem Club ergangen war. Einer von ihnen war erst siebzehn Jahre alt. Die Bullen hatten ihn beiseite genommen und ihm das Angebot gemacht, daß sie die Vorwürfe gegen ihn fallen lassen würden, falls er ihnen schriftlich bestätigte, daß ich ihn mit Stoff versorgte. Sie sagten ihm, er würde für lange Zeit in den Knast wandern, wenn er nicht mit ihnen zusammenarbeitete. Das tat er dann auch, folglich mußte ich verschwinden aus Kalifornien. Sie müssen ganz schön wütend darüber gewesen sein, daß ich ihnen an jenem Abend durch die Lappen gegangen war.

zehn

ansfered to another prison to await ,
days of "Pentonville" I went to court.
take the whole thing too seriously. Ov
ly pompous fools with their white wig
, I was found guilty by his Lord
believe the pharmacist's testimony th
I ask him to steal the drugs and I
him anything for it. His Lordship
I believe that I hadn't paid him
iff. Back in "Pentonville" once again
then to another prison where all th
eld and four days later I was accompa
y and deported to France. Carol and Da
y; She had arranged it with the
We'd been back in
s when we were all picked up by the police
part of a 3 month investigation whi
arrest of about 150 people. We were
suspected drug addiction. After about
began to cop out. As soon as some
their statement admitting guilt, the
into another room and given a fi

Ich fuhr in Richtung Osten, bis mir bei Las Vegas ein Ventil durchbrannte. Ein paar Tage lang hielt ich mich in Jimmy McKeans Bude auf, dann rief ich Joe Glaser in seinem Büro an und erklärte ihm meine Lage. Er besorgte ein Flugticket für mich, und schon bald arbeitete ich wieder. Ein paar Monate darauf kam in San Francisco mein Sohn Chetie zur Welt. Ich wurde in Ruhe gelassen. Die nächsten paar Jahre waren jedoch schwierig, in meiner Band gab es ständige Wechsel bei der Besetzung. Ich nahm ein weiteres Album mit Stücken von Bob Zieff auf, mit Cello, Kontrabaß, Baßklarinette, Horn, Oboe und Flügelhorn. Das Album ist allerdings nie erschienen, die Plattenfirma hielt es für nicht kommerziell genug.

Ich wurde wieder einmal festgenommen, als ich auf dem Rückweg von Chicago nach Milwaukee war, wo ich ein bißchen Stoff gekauft hatte. Ein schwarzer Typ und ein paar schwarze Mädchen saßen mit im Wagen. Der Typ hatte erst vor kurzem fünf Jahre abgesessen. Wir mußten uns trennen, und ich verbrachte vier fürchterliche Tage im Knast in Waukegan, bis mich Halema auf Kaution herausholte.

Ich ging nach New York und wurde in Harlem festgenommen. Wieder kam ich auf Kaution frei. Ich ging freiwillig in die Lexington-Drogenklinik. Nach drei Tagen auf Methadon kam ich auf die geschlossene Station für Süchtige. Ich stand ein paar Tage unter Beobachtung und kam dann wieder auf die offene Station. Dort traf ich auf überraschend viele Bekannte, vor allem Musiker. Tadd Dameron leitete eine Band, deren Mitglieder den ganzen Tag lang nichts anderes taten, als auf der großen Bühne im Auditorium zu proben. Ich schrieb dem Richter in Waukegan einen Brief und erklärte ihm, was ich gemacht hatte, daraufhin stellte er das Verfahren ein.

Nach ein paar Tagen im großen Schlafsaal gelang es mir, ein eigenes Zimmer zu bekommen. Mike, ein alter Freund und Bekannter aus San Francisco, war festgenommen worden, als er mit dem Fahrrad Stoff auslieferte. Ein paarmal war er schon ausgebüchst, aber das FBI war nicht blöd. Er hatte schon zwei oder drei Jahre in Lexington hinter sich. Bei den sonntäglichen Filmvorführungen war er für den Projektor zuständig, und gerüchteweise war er einer der wenigen Männer, die in die Frauenabteilung reinkamen. Siebzehn Tage lang habe ich nicht geschlafen – es war wieder wie auf dem Boot.

Nach zehn Tagen in Kentucky brachte mir Mike einen Kassiber von einer Frau, die ich in Detroit kennengelernt hatte. Sie war fast jeden Abend in der *Rouge Lounge* gewesen und kündigte an, wir würden uns bei den Proben für die Weihnachtsshow sehen können. Sie hatte kräftig abgespeckt und sah nun überraschend gut aus. Sie muß was mit einem der schwarzen Jungs gehabt haben, nach den Blicken zu urteilen, die sie mir zuwarfen. Während der Probe konnten wir nebeneinander sitzen. Sie sagte, sie habe sich nur deshalb nach Kentucky einweisen lassen, weil sie gehört hatte, daß ich dort sei. Wir verabredeten, ein paar Wochen später, am gleichen Tag, entlassen zu werden. Wir trafen uns in der Stadt und fuhren mit dem Zug nach New York. Ein paar Wochen wohnte ich in ihrem Appartement, aber unglücklicherweise riß irgendein Scherzbold die Tür ihrer Corvette ab, als ich das Auto fuhr. Er blieb noch nicht einmal stehen. Wir hatten deswegen einen Wortwechsel und stritten uns auch über andere Dinge. Schließlich sagte ich ihr, sie könne mich am Arsch lecken.

Ich hing in New York herum und war jeden Tag in Harlem unterwegs. Ein Typ namens Dirty Nick wohnte auf der 143. Straße in der Nähe der Lenox Avenue. Er hatte für einen wohlbekannten Händler gedealt, aber es hatte Ärger gegeben, und er war ersetzt worden. Er war wohl zu oft mit zuwenig Geld bei seinem Mann aufgetaucht. Ein paar Tage lang bin ich auf seine Bude gegangen und habe gewartet, während er unterwegs war, um etwas zu beschaffen. Sobald er zurückkam, haben wir es uns gedrückt. Ich wurde dann immer müde, döste weg und wurde nur wach, wenn die Küchenschaben auf mir herumkrabbelten.

Eines Tages waren wir beide völlig pleite. Nick schlug vor, seinem ehemaligen Boß ein Schnippchen zu schlagen. Wir saßen in meinem kleinen schwarzen Ford auf der Seventh Avenue, zwischen 125. und 126. Straße, wo er mir alles erklärte. Wir sahen, wie ein dunkelblauer Cadillac an einer Bar an der Ecke zur 126. Straße hielt, von uns aus gesehen auf der anderen Straßenseite. Wir beobachteten dann, wie ein Dealer nach dem anderen zu dem Wagen kam und dort vom Boß erfuhr, wo er seine Päckchen finden würde, unter welcher Adresse. Ein riesiger Schwarzer – alle Jungs waren schwarz – bekam seine Adresse mitgeteilt und schnappte sich daraufhin ein Taxi; wir hinterher.

Das Taxi fuhr in nördlicher Richtung und hielt vor einem Wohnblock Ecke 165. Straße und Amsterdam Avenue. Nachdem er durch die Haustür gegangen war, ging ich hinterher. Der Typ wog gute 90 Kilo. Als ich durch die Tür kam, sprang er auf. Er hatte gerade einen Heizkörper abgesucht und machte sich fast in die Hosen, als er mich sah. Ich ließ ihm keine Zeit zum Überlegen. Ich brachte kaum 65 Kilo auf die Waage, aber ich trug einen blauen Anzug und ein weißes Hemd. Zwar ohne Krawatte, aber ich war ein Weißer, was ihn wohl am meisten erschreckte. „FBI", sagte ich, „was geht denn hier ab?" Er stammelte herum, aber ich redete weiter. „An die Wand", befahl ich. Er drehte sich um, und ich klopfte ihn ab – er hatte keine Waffe. Er brachte schließlich heraus, daß er einen Freund im zweiten Stock besuchen wolle. „Dann wollen wir mal nachsehen“, sagte ich und ging hinter ihm die Treppen hinauf. Er klopfte an die Tür. Wir warteten. Niemand öffnete. „Keiner da“, sagte ich. „Okay, Mann, verschwinde, und laß dich hier nicht mehr blicken.“ Er verschwand wie der Blitz, dann griff ich hinter den Heizkörper und holte den Stoff heraus.

elf

gives birth. The government gives
for every new-born child, for blanke
e and other stuff a baby needs. Th
free milk for the first 6 mos. to
child gets off to a good start. I
crazy around London and finally
into trouble with the law. Lady
write a script for friday, one for
for sunday because she always
country estate somewhere outside
weekends. As I cashed my Fr
I noticed that there was a new
cial. He seemed very friendly and
lunch. Since I hadn't much mo
t. During lunch he said he li
anted to help me out. I tried t
need any help, that I got all th
led on prescription. As I left I
appreciated his kindness but no tha
at midnight, when the predated scrip
something. The addicts were lined
their scripts filled and people in

Im Frühjahr 1959 stand ich in New York vor Gericht, und ich bekam sechs Monate auf Rikers Island. Die ersten zehn Tage verbrachte ich auf der Krankenstation und kam dann in den Normalvollzug. Ich wurde Übungsleiter der Musikgruppe. Es gab ein gutes Dutzend Musiker. Den ganzen Tag über probten wir in der Sporthalle oder wir spielten ein bißchen Basketball. In den Zellen abends wurde Poker gespielt, auch Bridge oder Schach, man las oder schaute zwei großartigen Tänzern zu, ich weiß noch, daß einer von ihnen „Baby Laurence" genannt wurde.

Nach vier Monaten wurde ich wegen guter Führung entlassen und reiste sofort nach Europa, zusammen mit Halema und Chetie. Nach dem ersten Festival von Comblain La Tour ging es weiter nach Italien. Ich fing an, Jetrium zu nehmen, ein deutsches Arzneimittel, das nicht verschreibungspflichtig war. Ich flog von Mailand nach München, ohne Gepäck, und stopfte mir die Taschen meines Mantels voll mit Jetrium-Ampullen (doppelt stark, 13,5 Milligramm pro Kubikzentimeter) und flog dann wieder zurück. Von allem, was ich je probiert hatte, kam Jetrium dem wahren Stoff am nächsten, aber ich vertrug es nicht mehr, als ich 1000 bis 1200 Milligramm pro Tag brauchte. Es ging mir beschissen – ich war kreidebleich, hatte keinen Appetit und ständig fürchterliche Schüttelfrostanfälle. Freunde brachten mich dazu, zum Arzt zu gehen. Nachdem er mich untersucht hatte, gab er mir noch vier bis sechs Monate zu leben, wenn ich weiter Jetrium nähme. Ich kündigte meinen Job – der Club hieß *Santa Tecla* – und ging freiwillig in eine Klinik namens Villa Turo, um dort eine Schlafkur zu machen. Ich schlief sieben Tage lang, währenddessen wurde ich intravenös ernährt – große Flaschen hingen über mir. Ich hatte keine unangenehmen Entzugserscheinungen, und nach einem Monat gelang es mir mit Hilfe des amerikanischen Konsulats, dreißig Tage früher als vorgesehen entlassen zu werden.

Ich fühlte mich besser und kehrte ins *Santa Tecla* zurück, wo ich eines Abends bei der Arbeit Carol kennenlernte. Sie arbeitete im *Olympia*, mit 1600 Plätzen einer der größten Clubs der Welt. Sie war eine von vier Mädchen, die jeweils einen Teil der Show ankündigten. Manchmal sprang ich zwischen zwei Sets in meinen Alfa und raste zum *Olympia*, nur, um ein bißchen hinter der Bühne herumzuhängen. Es war verrückt: Alles war voller kostümierter und spärlich bekleideter Ladies. Es war klasse. Ich verliebte mich in Carol, und sie gab die Show auf, um mit mir auf Tour zu gehen. Die italienischen Zeitungen machten aus der Sache mit Carol und mir ein großes Ding. Halema schickte Chetie zu meiner Familie und blieb mir eine Weile auf den Fersen. Sie tauchte in einigen der Clubs auf, und es gab ein paar fürchterliche Szenen. Ich fing an, jede Woche zu immer unterschiedlichen Ärzten zu gehen, um mir Rezepte verschreiben zu lassen. Einen besonders guten Arzt hatte ich in der Schweiz, kurz hinter der Grenze. Ich nahm allerdings nie viel. Ich hielt meine Gewohnheit auf Sparflamme.

Als ich im *La Bussola* auftrat, einem wunderschönen, teuren und hochklassigen Club am Strand bei Focette, nahe bei Viareggio, lernte ich Dr. Lippi Francesconi kennen. Er war medizinischer Direktor einer kleinen Klinik in Lucca. Ich zog in die Klinik Santa Zita, wo ich jeden Tag große Mengen Vitamine und andere Mittel bekam, dazu eine immer geringer werdende Dosis Palfium. Zu der Zeit war es mir echt schwer, einen Schuß zu setzen – meine Venen hatten schlappgemacht und waren verschwunden. Dr. Francesconi fuhr mich jeden Abend zur Arbeit, wartete während meines Auftritts auf mich und fuhr mich dann zur Klinik zurück. Abends im Club traf ich mich mit Carol. Wir hatten ein Zimmer in einer Pension, der *Villa Gemma*. Der Manager besorgte mir von einem Arzt ein Palfium-Rezept auf seinen Namen, bevor ich in die Klinik zurück mußte. Ein anderer guter Freund, ein Anwalt, der auf Italien-Reise war, verschaffte mir ebenfalls ein Rezept auf seinen Namen.

Eines Tages mußte ich tagsüber in den Club. Dr. Francesconi konnte nicht weg, also mietete ich einen Fiat und fuhr in Richtung Küste. Ich hielt an einer Tankstelle, um mir einen Schuß zu verpassen. Ich habe eine Dreiviertelstunde dafür gebraucht. Gerade als ich alles klargemacht hatte und gehen wollte, klopfte es an die Tür. Der Tankwart hatte die Polizei gerufen. Sie sagten, ich müßte mit auf die Wache kommen. Dort riefen sie Dr. Francesconi an, der ihnen alles erklärte und mich abholte. Am nächsten Tag erschien die Lokalzeitung mit der Schlagzeile CHET BAKER AUF TANKSTELLENKLO ERWISCHT. Da war dann zu lesen, die Polizei habe die Tür aufbrechen müssen, die ganze Toilette sei voller Blut gewesen etc. etc. Ein junger Staatsanwalt namens Romiti las den Artikel und leitete Ermittlungen ein. Nach einer Überprüfung sämtlicher Palfium-Rezepte aller Apotheken in der Gegend ließ er meinen Freund, den Anwalt Joey Carani, den Manager der Pension, einen Arzt namens Bechelli und Dr. Francesconi verhaften. Dann fuhr er nach Mailand, um Halema zu vernehmen. Da Mailand außerhalb seines Zuständigkeitsbereichs lag, log er ihr vor, er wolle die Vernehmung in Lucca fortsetzen. Sie fuhr hin und wurde bei ihrer Ankunft ebenfalls prompt festgenommen.

Natürlich wurde ich als erster eingesperrt. Nach zehn Tagen auf der Krankenstation kam ich in eine Einzelzelle, in der ich sechs Monate zubrachte. Niemand sprach ein Wort Englisch. Nachts konnte ich über den Hof Halema ständig weinen hören. Nach sechs Monaten kamen wir alle vor Gericht. In dem Verfahren wurden Halema, Joey, Francesconi und der Typ aus der *Villa Gemma* freigesprochen. Nur Bechelli und ich blieben hinter Schloß und Riegel. Bechelli bekam zwei Jahre aufgebrummt, weil er mir für jedes der Rezepte zehntausend Lire abgeknöpft hatte. Ich bekam achtzehn Monate für illegalen Drogenkonsum. Wir gingen in Berufung, und drei Monate später kam er frei, während meine Strafe auf fünfzehn Monate verringert wurde. Carol blieb bis nach dem Prozeß in Italien, zusammen mit ihrer Mutter, danach kehrten sie beide nach England zurück. Sie schrieb mir jeden Tag, sogar an Sonntagen bekam ich Post von ihr. Der Gefängnispfarrer, Pater Ricci, las meine ganze Post. Carol bekam daher immer Briefe von mir, die vollständig mit schwarzer Tinte durchgestrichen waren. Irgendwann ging mir auf, daß der Idiot – statt zuzugeben, daß er kein Englisch konnte – einfach alles durchgestrichen hatte. Er riß auch alle Bilder aus dem *Playboy*, den Carol mir immer schickte.

Nach dem Gerichtsverfahren durfte ich in der Buchbinderei arbeiten, wo außer mir nur ein jugoslawischer Widerstandskämpfer beschäftigt war. Er war ein kleiner Kerl, der sich nach dem Krieg als falscher Offizier durchgeschlagen hatte, er hatte dabei Waffen und Munition aller Art aus Militäreinrichtungen geklaut. Er saß seit 44 Monaten und hatte noch immer keine Verhandlung gehabt. Wir spielten tagsüber Schach, während ich ihm zusah, wie er Bücher reparierte und neu einband. Abends kochte er einen großen Topf Spaghetti auf einer Kochplatte, die er verbotenerweise organisiert hatte und die das Licht im ganzen Knast zum Flackern brachte, wenn er sie einschaltete.

Zu dem Zeitpunkt hatte ich mich mit ein paar Wächtern angefreundet. Vor allem einer von ihnen, Peccora, ließ mich stets mit Carol allein im Besuchszimmer. Das war sehr nett von ihm – ich glaube, ein bißchen Sex lernt man erst schätzen, wenn man mal ein paar Monate in Einzelhaft war. Die Wächter fanden schließlich die Kochplatte; mein neuer Job bestand darin, Essen und andere bestellte Sachen an die Insassen zu verteilen. Carol schickte mir jede Woche zwischen fünfzehn und zwanzig Taschenbücher, ich las und las nachts beim Licht einer Fünf-Watt-Birne. Ich hatte meine Trompete dabei und spielte jeden Tag ein paar Stunden. Ich schrieb zweiunddreißig Stücke, und die Zeit verging sehr schnell.

Als ich entlassen wurde, sprach ich fließend Italienisch, und noch im Knast hatte mich eine Filmgesellschaft aus Rom aufgesucht. Ich unterschrieb einen Vertrag, der ihnen die Rechte an einem Drehbuch zu einem Film über mich übertrug und zu dem ich den Soundtrack schreiben sollte. Ich bekam dreitausend Dollar Vorschuß, und dasselbe sollte ich nach meiner Entlassung pro Woche bekommen, solange die Dreharbeiten dauerten, alles in allem fünfundzwanzigtausend Dollar.

Dieselbe Zeitung, die den ganzen Mist ins Rollen gebracht hatte, hängte auch meine Entlassung an die große Glocke. Fotografen ließen Carol und mir keine Ruhe, sie schossen Hunderte von Bildern. Viele davon landeten bei italienischen Skandalblättchen und wurden mit frei erfundenem Klatsch garniert. Ein Mitarbeiter von RCA Italiana kam zu mir nach Mailand, und ich unterschrieb einen Plattenvertrag für ein paar meiner Stücke, für die sie auch noch Texte haben wollten.

In einem neuen Alfa SS fuhr ich mit Carol nach Rom, wo wir in einem kleinen, exklusiven Hotel in Parioli abstiegen. Nach den Plattenaufnahmen hingen wir noch ein paar Wochen herum, um zu sehen, wie es mit dem Film weiterging. Da nichts weiter passierte, machte ich mich wieder an die Arbeit. Ich engagierte René Thomas und Bobby Jaspar, beides großartige Musiker, aber voll auf Droge. Bobby nahm Ritalin, und René war ständig auf der Suche nach Stoff. Während eines Auftritts in Neapel klaute mir irgendein Penner in der Pause meine Trompete. Womöglich lag das daran, daß man mich „Trombo d'Oro" nannte, und der Dieb dachte wohl, sie sei aus massivem Gold.

Die folgenden sieben Monate waren eine gute Zeit für mich. Oriana Fallaci schrieb einen Riesenartikel über mich in *L'Europea,* und ich hatte einen Auftritt in dem Film *Ulatori alla sbarra.* Ich spielte einen ständig dahindämmernden Typen, der hin und wieder aufwacht und ein Lied singt – es sei denn, er düst auf einer Vespa durch Rom.

1961 war das Jahr, in dem die elektrisch verstärkte Musik Rom erreichte, in vielen Restaurants rezitierten Poeten neuartige Gedichte, gelegentlich von einer Flöte oder einer kleinen Trommel begleitet. Für mich war das nicht so das Wahre. Ich nahm mehrere Soundtracks auf für Dokumentarfilme, die von der italienischen Regierung produziert wurden; zum Teil mit Snare Drum und Trompete, zum Teil nur Trompete. Ich sah mir einfach den Film an und spielte, was mir in den Sinn kam. Nach der Rückkehr nach Mailand arrangierte Nando Latanzzi einen Jazz-Abend im *Olympia* für mich, der ein Riesenerfolg wurde.

An dem Abend erwähnte ich gegenüber Nando, daß ich gern einen eigenen Club hätte. Er zeigte mir einen kleinen, sehr eleganten Raum, der nicht benutzt wurde. Dort gab es eine kleine Bar, eine wunderschön mit Samt drapierte Bühne, farbige Lampen, Marmortische, plüschige, blaue Samtsessel und den dazu passenden Teppich. Wir fingen an, dort jeden Abend zu proben. Nando ließ eine Neonschrift anbringen, THE CHET BAKER CLUB. Nach jeder Probe gab es ein Spaghetti-Essen für alle: Kellner, Barkeeper und Musiker. Wir stellten vier oder fünf Tische zusammen, aßen und spielten, wenn alles abgeräumt war, Poker oder Black Jack. Jedesmal wenn ich ins *Hotel Virgilio* zurückkehrte, hatte ich die Taschen prallvoll mit den alten, großen Zehntausend-Lire-Scheinen.

Eine Woche vor der feierlichen Eröffnung des Clubs bekam ich während einer Probe unerwarteten Besuch von drei Schwarzen. Sie kamen direkt aus Beirut. Sie brachen fast in Tränen aus, als ich ihnen sagte, ich sei clean und überhaupt nicht drauf und könne ihnen nicht weiterhelfen. Sie gingen und kamen am nächsten Abend zurück, dieses Mal bettelten sie noch verzweifelter darum, daß ich ihnen was besorgte. Ich fuhr mit ihnen nach Chiasso und sagte ihnen, wohin sie gehen und was sie sagen sollten. Innerhalb kürzester Zeit kam einer von ihnen, Donald Brown, mit einer Flasche Palfium-Tabletten zurück – ein rundherum gelungener Ausflug also.

Zu der Zeit spielte ich ausschließlich mit Italienern. Es waren die besten Musiker Italiens: Amadeo Tommasi am Klavier, Giovanni Tommasi am Baß und Franco Mondini am Schlagzeug. Giovanni studierte noch am Konservatorium in Bologna. Er war ein Fan von Paul Chambers und Ray Brown. Zusammen mit seinem Bruder, einem Pianisten, hatte er eine Band namens La Cinque di Lucci. Sie kamen aus der Nähe von Florenz. Franco, ein Arztsohn, kam aus Turin.

Im *Bussola* in Viareggio war ich zusammen mit Romano Mussolini aufgetreten, er war ein netter Kerl, aber sehr schüchtern. Was immer er auch spielte, es kam ein Blues heraus. Er konnte „Stardust" spielen, und irgendwie klang es doch wie ein Blues. Hampton Hawes war ein ähnliches Kaliber, aber Romano fehlten das Feuer und die Phantasie von Hawes.

Kurz vor der Eröffnung meines Clubs fuhr ich nach München zu einem Auftritt und geriet in Schwierigkeiten. Ohne ein Gerichtsverfahren wurde ich drei Wochen lang festgehalten. Als ich schließlich freikam, fuhr ein deutscher Polizist mit mir und Carol sowie Donald Brown, der uns begleitet hatte, bis an die Schweizer Grenze. Wir fuhren durch die Schweiz, und dann wurde mir die Einreise nach Italien verweigert. Carol durfte einreisen, also schickte ich sie nach Mailand, wo sie sich 150.000 Lire von Mario Fatori lieh, einem unserer Bekannten, der ein Werbefilmstudio besaß.

Nachdem Carol mit dem Geld aus Mailand zurückkam, hauten wir ab nach Paris. Ich habe den Club – und auch meinen Alfa – verdammt ungern im Stich gelassen, außerdem hatten Carol und ich noch jede Menge Kleidung und Kram dort. Eine Woche nach meiner Ankunft in Paris fing ich im *Blue Note* an und spielte mit Bud Powell und Kenny Clarke. Der Club wurde von einem netten Kerl namens Ben Benjamin geleitet. Es handelte sich aber auch hier um eine der weitverbreiteten Konstruktionen, bei denen der Club der Ehefrau gehört und der Mann ihn leitet. Ich konnte Bens Frau nicht ausstehen, so daß ich wirklich erleichtert war, als aus England das Angebot kam, in einem Film mit Susan Hayward in der Hauptrolle mitzuspielen.

zwölf

breathe. The kitchen was the only room tha
each day in the Jackson home began with
ther, getting up first, dressing in the cold
the kitchen to light the oven and heat wa
[illegible]. 20 minutes later she would
to get moving, that he would be late f
nd him a large mug of tea as he came
stool near the oven, a tiny white poodle
gging and whining for some tea. "Wait your
to the dog as it danced around his fee
down and fill the saucer; over and ove
split the mug. Al was an inventor
te into the night in his work shop. shed
He had designed and built a new
which would either double the mass
the distance on the same amount
to get something going with s
d co's but they always wanted
wanted to keep control. He was a
without a degree; forced to do od
ting or electrical work in order to get
birth on Christmas morning. The s

Gleich am ersten Tag in England ging ich mit Donald Brown in die Wimpole Street 32 zu Lady Isabelle MacDougal Frankau. Sie war um die fünfundsiebzig Jahre alt, weißhaarig und sehr geschäftsmäßig. Sie wollte gar nicht viel von mir wissen. Meine Eskapaden in ganz Europa hatten sich bereits bis zu ihr herumgesprochen. Sie fragte mich nach Namen und Adresse und wieviel Kokain und Heroin ich pro Tag haben wollte. Ich fing mit zehn Gramm am Tag an, schließlich hatte ich keine Erfahrung damit, Kokain oder Heroin in der Apotheke an der Ecke zu kaufen. Zehn Gramm Heroin in Form von Tabletten zu einem Sechstelgramm, das machte sechzig Tabletten, die den sonst üblichen Tabletten mit verdünntem Stoff entsprachen. Für das Kokain hätte man in New York gut und gern 500 Dollar bezahlt – es war reines Kokain. Das ganze Rezept kostete nur etwa dreieinhalb Dollar. Schon am nächsten Tag lauteten meine Rezepte auf je 20 Gramm, und dank des guten alten englischen Drogensystems lebte ich in Saus und Braus.

Lady Frankau schien mich zu mögen, womöglich, weil ich wenigstens arbeitete, während die meisten ihrer 250 oder 300 Patienten arbeitslos waren, zu wenig mehr fähig, als hier und da ein paar Tabletten zu verscheuern, um Miete und Essen zu bezahlen. Neun Monate lang wohnte ich mit Carol im Haus ihrer Eltern. Ihr Vater war ein kleiner Cockney, der noch nie in seinem Leben einen Drogensüchtigen gesehen hatte. An mir hatte er schwer zu schlucken. Als Carol ihren Job in Italien aufgegeben hatte, um mit mir auf Tour zu gehen, waren ihren Eltern allerhand Geschichten zu Ohren gekommen. Eine davon war, ich habe Carol entführt und halte sie mit Hilfe von Heroin in meiner Gewalt. Das wurde tatsächlich in einem Skandalblättchen in London veröffentlicht. Als Carols Vater diesen ganzen Mist in den Blättern las und immer mehr Leute deswegen anriefen, wollte er natürlich wissen, woran er war. Er und Carols Mutter tauchten eines Abends in Rom auf. Ich hatte einen Auftritt im *Rupe Tarpea,* einem exklusiven Nachtclub auf der Via Veneto. Auf den ersten Blick konnte man sehen, daß mit Carol alles in Ordnung war; sie trug ein dunkelgrünes, paillettenbesetztes Abendkleid und war wunderschön. Ihr Vater erzählte uns von der Publicity und dem ganzen Mist in den Blättern. Eine Zeitung schrieb sogar, daß uns Interpol auf den Fersen sei.

Sie blieben ein paar Tage in Rom und fuhren dann wieder nach Hause. Es hatte sie beruhigt, daß ihre Tochter nicht von einem Wahnsinnigen mißbraucht wurde, aber nun, da ich bei ihnen wohnte, sah manches anders aus. Ich war wieder auf Droge, und Carol war schwanger. Unter diesen Umständen muß ich beiden eine Eins geben; dafür, daß sie so ruhig und gelassen geblieben sind – na ja, meistens jedenfalls. Carol und ich kamen erst später dahinter, daß die meisten der Klatschgeschichten der Presse, und auch Carols Eltern, von den drei Frauen zugetragen worden waren, mit denen sie im *Olympia* gearbeitet hatte.

Die Dreharbeiten in den Shepperton-Studios begannen sofort. Da ich dort früh am Morgen antanzen und den ganzen Tag dableiben mußte, kam ich nicht dazu, Lady Frankau aufzusuchen. Ich mußte sie daher gegen halb zehn Uhr morgens anrufen, dann schrieb sie ein Rezept aus und ließ es zur nächstgelegenen Apotheke bringen. Der Apotheker stellte alles zusammen und schickte es per Taxi zu mir in die Shepperton-Studios. Ich verschwand dann in meinem Wohnwagen auf dem Gelände und fixte mir Speedballs, bis ich wieder gerufen wurde.

Nachdem der Film abgedreht war und damit meine Arbeitserlaubnis endete, schaffte es Lady Frankau mit ihren Verbindungen, daß ich in England bleiben konnte. Sie machte falsche Angaben über mich und erklärte mich für nicht reisefähig. Ich glaube, ich konnte sie nur in den ersten drei oder vier Monaten bezahlen. Danach war ich pleite, ich durfte aber die Rezepte in der Apotheke auf ihre Kosten einlösen. Ich konnte nicht auftreten, da man mindestens ein Jahr in England gelebt haben mußte, um in die Musikergewerkschaft eintreten zu dürfen, also hing ich die meiste Zeit einfach herum und dröhnte mich zusammen mit Leuten voll, die genauso drauf waren wie ich.

Dabei lernte ich einen Kerl kennen, der ein Minitaxi fuhr und mir anbot, mich nach Hause zu fahren. Er schaffte es, beim Fahren Stoff aufzukochen, aufzuziehen und sich durch sein Hosenbein einen Schuß zu setzen, alles, während er durch den abendlichen Verkehr brauste. Als wir nach Hause kamen, wollte er natürlich mit hineinkommen, um sich dort noch einen Druck zu verpassen. Ich nahm ihn mit. Wir hatten uns gerade ein paar Schüsse gesetzt, als er anfing zu halluzinieren und behauptete, jemand auf dem Dach wolle ein Foto von ihm machen. Ehe ich es mich versah, hatte er eine Luke geöffnet und war auf dem Dach. Dort sah in dann Carols Vater, der gerade nach Hause kam. Al brüllte zu dem Idioten hinauf: „Was zum Teufel machst du da oben?“ Er sprang hinunter und rannte völlig panisch zu seinem Auto. Danach habe ich ihn nie mehr gesehen.

Der Winter 1962/63 war der kälteste in England seit hundert Jahren. Ohne Carols Körperwärme in meinem Bett wäre ich wohl erfroren. Morgens beim Aufwachen hatte ich gefrorenen Atem auf meiner Oberlippe. Die Küche war der einzige beheizte Raum. Ein Tag bei den Jacksons zu Hause begann damit, daß Gladys, Carols Mutter, als erste aufstand, sich in der Kälte anzog und in die Küche ging, um den Herd zu heizen und Teewasser aufzusetzen. Nach zwanzig Minuten rief sie zu Al hinauf, er solle sich in Bewegung setzen, wenn er nicht zu spät zur Arbeit kommen wolle. In der Küche bekam er einen großen Becher Tee und setzte sich auf einen Stuhl am Herd, zu seinen Füßen ihr kleiner weiße Pudel, der winselte und um Tee bettelte. „Willst auch deinen Tee, gell?" sagte Al und schüttete ihm ein wenig in seinen Freßnapf. Dies wiederholte sich so lange, bis sie sich den Becher redlich geteilt hatten.

Al war Erfinder und arbeitete bis spät in die Nacht in seiner Werkstatt in einem Schuppen im Hinterhof. Er hatte einen Propeller entworfen und auch gebaut, der entweder die Geschwindigkeit oder bei gleichbleibendem Treibstoffverbrauch die Reichweite verdoppelte. Er hatte versucht, mehrere Firmen dafür zu interessieren, aber alle wollten einen Anteil von 51 Prozent, während Al die Sache nicht aus der Hand geben wollte. Er war ein Ingenieur ohne Diplom und mußte, um über die Runden zu kommen, auch Gelegenheitsjobs annehmen, Schreinerarbeiten oder Elektroinstallationen.

Carol gebar am Weihnachtsmorgen ein Kind. Die Schwestern nannten ihn Red – er war das erste Kind, das an jenem Morgen zur Welt kam. Das offizielle Christkind. Er war ein vollkommenes Baby, sieben Pfund schwer, mit blauen Augen und rötlich-braunen Haaren. Zusammen mit Al besuchte ich Carol. Wir gingen zu Fuß zum Krankenhaus, drei Kilometer auf vereister Straße. Auf dem letzten halben Kilometer stapften wir durch einen halben Meter Neuschnee, bis wir endlich am Hauptgebäude waren. Carol und dem Baby ging es prima. In England müssen junge Mütter zehn Tage im Krankenhaus bleiben. Der Staat bezahlt für jedes Neugeborene einen festen Betrag für Decken, einen Kinderwagen und andere Kindersachen. Dazu gibt es ein halbes Jahr lang Milch umsonst, damit das Baby einen guten Start ins Leben hat.

Ich kasperte weiter durch London, und letztendlich schaffte ich es wieder, Ärger mit der Polizei zu bekommen. Lady Frankau stellte mir immer ein Rezept für Freitag, eines für Samstag und eines für Sonntag aus, da sie ihre Wochenenden auf ihrem Landsitz außerhalb Londons verbrachte. Als ich an einem Freitag mein Rezept einlöste, war ein junger Apotheker da. Er machte einen freundlichen Eindruck und lud mich zum Mittagessen ein. Da ich blank war, nahm ich an. Beim Essen sagte er, er könne mich gut leiden und wolle mir helfen. Ich sagte, ich brauchte keine Hilfe, da ich dank der Rezepte alles bekäme, was ich brauchte. Als wir gingen, bedankte ich mich dennoch für das zuvorkommende Angebot.

Freitagnacht, null Uhr, wenn die vordatierten Rezepte gültig wurden, ging es rund in der Apotheke. Die Junkies standen Schlange, und manche Leute gingen die ganze Reihe ab, um hier und da ein Gramm zu schnorren. Ein paar davon waren so schlimm drauf, oder meinten es zumindest, daß sie das Zeug noch auf der Straße aufkochten und gleich dort drückten, mitten unter den spießigen Passanten. Der nächste sichere Platz dafür war eine öffentliche Toilette, ein paar hundert Meter von der Apotheke entfernt. Zwischen Mitternacht und ein Uhr roch es dort streng nach Schwefel, weil die Leute in den Kabinen ihren Schuß vorbereiteten.

Als ich am Montagmorgen mein Rezept vorlegte, lächelte der nette Apotheker und sagte: „Kommen Sie um zehn in den Buchladen hier um die Ecke. Ich habe ein Geschenk für Sie." Blöd, wie ich war, ging ich hin. Punkt zehn Uhr kam er herein und drückte mir eine Zigarettenschachtel in die Hand. „Hier, für Sie." Dann ging er wieder. Ich ging hinaus auf die Straße und öffnete die Schachtel. Es steckte ein Koksfläschchen drin – so groß, daß es kaum in die Schachtel paßte. Der Kerl muß verrückt sein, dachte ich. Ich wußte, daß in der Apotheke genau Buch geführt wurde, und über kurz oder lang mußte herauskommen, daß hundert Gramm fehlten. Ich ging zu einem Typen, den ich kannte und der in der Nähe wohnte. Zusammen mit seiner Angetrauten hatten wir bis vier Uhr alles weggekokst.

Vier Tage später kam die Polizei. Als sie hereinmarschierten, ging mir plötzlich auf, daß ich hereingelegt worden war. Sie hatten keine Beweise – Koks und Fläschchen waren verschwunden. Alles, was sie hatten, war die Aussage des Apothekers, daß er es mir gegeben hatte, trotzdem wurde ich festgenommen. Sie brachten mich zur Wache, wo ich erfuhr, daß ich dort das ganze Wochenende bleiben müsse, bis zur Vorführung bei einem Richter am Montagmorgen. Ich sagte dem Polizisten, daß ich süchtig sei und in Behandlung bei Dr. Frankau. Er rief sie an und ließ sich die Geschichte bestätigen. Innerhalb von zwei Stunden traf ein großer brauner Umschlag im Knast ein. Alle vier Stunden brachte mir ein Wächter den Umschlag, und ich fixte in der Zelle. Am Montagmorgen erschienen Carol und Al im Gerichtssaal, und ich wurde entlassen, weil Al für mich bürgte. Danach redete ich oft mit Al darüber, wieder clean zu werden. Lady Frankau vermittelte mir eine Privatklinik, wo ich allerdings nur ein paar Tage blieb.

Eines Tages, ich war gerade in der Stadt unterwegs, bekam ich plötzlich eine Blutvergiftung. Ich nahm mir ein Taxi und ließ mich ins nächste Krankenhaus fahren. Die Krankenschwester in der Notaufnahme wollte wissen, was los sei. Ich sagte ihr, daß mir gleich der Kopf platze und daß ich erbrochen hätte. Sie maß Temperatur. Ich hatte 40 Grad Fieber. Ich wurde stationär aufgenommen und mit Penicillin vollgestopft. Alle vier Stunden kam eine Schwester, brachte eine Spritze, stellte um mein Bett herum

Trennwände auf, und ich setzte mir einen Schuß. Nach vier Tagen verließ ich – entgegen dem Rat der Ärzte – das Krankenhaus.

Eine Woche später widerrief Al seine Bürgschaft für meine Kaution, und ich wurde in U-Haft genommen, unter ganz normalen Bedingungen, als wäre ich clean und gesund. Nach vierundzwanzig Stunden in der Zelle fing ich an herumzubrüllen und mit einem Schuh gegen die Zellentür zu trommeln. Eine halbe Stunde später kamen vier Wärter, trugen mich in die Krankenstation und steckten mich nackt in eine gepolsterte Zelle. Es war nicht zu fassen. Nicht, daß ich nackt war oder in einer gepolsterten Zelle, sondern daß es affenkalt war da drin. Vielleicht war es Teil ihrer Psychologie, daß man sich dermaßen über die Kälte ärgerte und dabei vergaß, wie krank man eigentlich war.

Am Tag darauf ließ ein Arzt die Tür öffnen, warf ohne hereinzukommen fünf Sekunden lang einen Blick auf mich und verschwand, ohne ein Wort zu sagen. Die Tür fiel krachend ins Schloß. Nach einer Stunde wurde sie wieder geöffnet, und man verlegte mich bis zu meinem Prozeß in ein anderes Gefängnis. Nach fünfzehn Tagen in Pentonville stand ich vor Gericht. Ich nahm das Ganze nicht richtig ernst. All diese scheinbar superwichtigen Narren unter weißen Perücken. Natürlich wurde ich vom hohen Gericht für schuldig befunden, sie glaubten dem Apotheker nicht, daß ich ihn weder gebeten hatte, das Kokain zu stehlen, noch ihm etwas dafür bezahlt hatte. Das hohe Gericht glaubte einfach nicht, daß ich ihn nicht für den Diebstahl bezahlt hatte. Ich kam wieder nach Pentonville, für weitere fünfzehn Tage, und danach in ein anderes Gefängnis, in dem alle Ausländer inhaftiert waren. Nach vier Tagen eskortierte man mich zur Fähre, ich wurde nach Frankreich deportiert. Auf der Fähre war auch Carol mit Dean, unserem Sohn. Carol hatte das zuvor mit der Polizei abgesprochen.

dreizehn

friend in his life. I gave him a fit.
quit her job in ITALY and began trave
with me, all kinds of stories about me and
ed her father and mother. One story was
had ~~~~ abducted Carol, and was keeping he
nst her will by giving her heroin. That s
came out in a scandal paper in London. Th
ol's father started getting phone calls abou
ing all the bullshit in the papers, he deci
for himself. He and Carol's mother arrive
evening while I was appearing at an ex
ub on the via Veneto, the Rupe Tarpea. One
rol and they knew everything was cool, she
a dark green sequined evening dress and
tiful. He explained about all the publici
papers. One newspaper even print ~~that~~ a s
looking for us. They remained in Roma a co
returned to England, satisfied that their d
being abused by some maniac, but they
now. I was using again and Carol w
Under the circumstances, I'd have to g
A for remaining cool and calm; most g

Wir waren kaum drei oder vier Tage in Paris, als uns die Polizei schon wieder am Wickel hatte. Über drei Monate hinweg hatten sie Ermittlungen durchgeführt, die in der Festnahme von über 150 Personen gipfelten. Wir wurden alle unter dem Verdacht der Drogenabhängigkeit festgehalten. Nach fünf oder sechs Stunden Verhör fielen die ersten um. Sobald man sich schuldig bekannte und einen entsprechenden Revers unterschrieb, wurde man in einen anderen Raum gebracht und bekam einen Druck, der besser war als das Zeug von der Straße. Unser armer kleiner Dean war gerade mal zwei Monate alt und wurde ziemlich hungrig. Nach acht Stunden gelang es mir dann, mich einem der Beamten so weit verständlich zu machen, daß er mir abnahm, nicht süchtig zu sein und daß ich außerdem erst seit wenigen Tagen in Frankreich war. Als sie uns endlich freiließen, hatten bereits über hundert aufgegeben und waren eingesperrt worden, viele davon kannte ich.

Ich habe dann ein bißchen gearbeitet, in einem kleinen Jazzkeller in der Rue de la Hachette, *Le Chat Qui Pêche*. Er gehörte einer älteren Dame, einer Madame Ricard, die in einer der Wohnungen darüber wohnte. Die Polizei ließ mir lange keine Ruhe. Monat für Monat bekam ich ein Telegramm von irgendeinem Inspektor, dann mußte ich mich innerhalb von vierundzwanzig Stunden in seinem Büro einer Untersuchung unterziehen, wenn ich meine

Aufenthaltserlaubnis nicht gefährden wollte. Im Jazzkeller war viel Betrieb. Carol brachte jeden Abend Dean mit, der dann an der Bar herumgereicht wurde, alle Leute wollten ihn einmal im Arm halten.

Während der nächsten elf Monate arbeitete ich mit vielen europäischen Musikern zusammen. Ich traf Anita O'Day und John Poole, die aus Dänemark angeflogen kamen, um sich mit Hasch einzudecken. Das *Chez Ali* war im Algerier-Viertel, nicht weit von der Bastille. Zwei-, dreimal in der Woche ging ich mit Kumpels dorthin, wir tranken algerischen Tee und schauten zu, wie einer der Kellner eine konisch geformte Zigarette drehte. Wir rauchten und tranken Tee, bis gegen vier Uhr nachmittags die Musiker kamen, mit Flöten, Handtrommeln aller Art, Gitarren und Mandolinen. Ein paar von den Jungs konnten auch wirklich gut singen. Stan Getz und Allan Eager waren auf Durchreise da, und wie immer mußte ich mit Stan eine dreiviertel Stunde lang im vierten Stockwerk eines Hotelflurs auf- und abgehen, um ihn am Wegsacken zu hindern. Ich auf der einen, Allan auf der anderen Seite. Dexter ließ sich auch blicken und hing eine Weile in Paris herum. Ein paar Leute schickte ich nach England zu Lady Frankau. Alle kamen mit Heroin und Koks zurück.

1963 war ein prima Jahr. Ich schaffte es, nicht allzu sehr drauf zu sein. Vier oder fünf Monate lang blieb ich clean, sehr zum Erstaunen der französischen Behörden, die jeden Monat eine Urinprobe verlangten. Als sie mich schließlich in Ruhe ließen, dröhnte ich mich hin und wieder voll, meistens war dann jemand von Lady Frankau in London zurückgekehrt. Alle brachten eine hübsche Ladung Heroin und Koks mit. Manchmal besorgte ich mir etwas bei der Ex-Frau eines alten Freundes, aber der Stoff taugte nicht viel – da hatten so viele ihre Finger drin gehabt, daß man einen halben Löffel voll drücken mußte, damit es wirkte, und dann war es auch schon nach einer halben Stunde vorbei.

Madame Ricards *Chat Qui Pêche* war jeden Abend gerammelt voll. Aus ganz Europa kamen Musiker, um dort aufzutreten und eine Portion von Madame Ricards hausgemachtem Chili zu essen. Mir wurde dort die Trompete aus der Küche geklaut, ein französischer Trompeter lieh mir daraufhin sein Flügelhorn, ein altes Selmer aus Frankreich. Ich mochte seinen Sound. Er schenkte es mir schließlich, und ich hatte es noch fünf Jahre lang. Ich spielte damit bei allen Plattenaufnahmen in den Jahren 1964–65. Ich nahm damit für Colpix *The Best Jazz Album of 1964/65* auf, mit Phil Urso, Hal Galper, Charlie Rice, Jymie Merritt, Bobby Scott und Kenny Burrell, sowie für Limelight *Baby Breeze*. Wir kehrten dann fast alle in die Staaten zurück, mich eingeschlossen.

Mir ging damals oft etwas im Kopf herum, was bereits 1956 passiert war und was ich die „Baltimore-Affäre" nenne. Ich war schon früher oft in Baltimore aufgetreten, meist im *Comedy Club,* den es aber nicht mehr gibt. Ich wohnte immer im selben kleinen Motel, zehn oder zwölf Meilen außerhalb. Mein Freund Bryce Wilson war mit unserer Band unterwegs. Er fuhr für uns, half beim Packen und so weiter. Ich teilte mir ein Zimmer mit einem Musiker, der ziemlich oft high war und ständig mit Schlaftabletten herummachte. Er rauchte ständig, drückte ein bißchen und warf Tuinal und Seconal ein. Trotz allem war er ein wunderbarer Musiker, aber Leute, die mit Schlaftabletten herummachen, sind zu seltsamen Dingen fähig.

Eines Abends kamen ein paar Freunde mit uns ins Motel. Darunter war ein Typ namens Abe, den ich kennengelernt hatte, als ich das erstemal in Baltimore war. Er war klein und schwer, setzte gern auf Pferde und rauchte gern gutes Gras – er hatte immer etwas dabei. An dem Abend hatte er außerdem eine selbstgebastelte kleine Wasserpfeife dabei, die uns im Nu so high machte, daß ich mich um vier Uhr morgens ablegen mußte. Bryce muß kurz darauf auch eingeschlafen sein. So gegen sechs Uhr holten mich Stimmen aus weiter Ferne aus dem Schlaf. Der Typ, mit dem wir das Zimmer teilten, erzählte Bryce, er habe einen Unfall gehabt und sei jemandem hinten drauf gefahren, es sei aber alles in Ordnung. Die Polizei habe ihn zum Motel gebracht, weil er seinen Führerschein vergessen hatte. Er griff sich seine Brieftasche und ging. Das war ziemlich knapp, mit all den Bullen vor der Tür. Nachdem er raus war, schauten Bryce und ich uns kopfschüttelnd an. Einer von uns hätte mit ihm gehen sollen, aber wir waren so zugeknallt und dösig, daß wir einfach nicht konnten.

NACHSATZ

Barcelona im Dezember 1963 war einfach herrlich. Nach Paris kam es mir fast tropisch vor. Ich hatte einen Monat lang einen Vertrag mit einem Kellerclub, der seit etwa einem Jahr zur Jazzszene gehörte. Oben drüber tanzte Antonio Gades zur Begleitung von Gitarren und Kastagnetten. Zum Deal mit dem Club gehörte auch eine kleine Wohnung. Ich ließ mir wieder von Ärzten Palfium verschreiben. Während des Engagements lernte ich eine prominente Familie mit guten Verbindungen kennen und durch sie wiederum einen Arzt, der seine eigene, ultramoderne Klinik mit OP hatte. Er war Chirurg, und wegen seiner Fähigkeiten und Möglichkeiten kamen Patienten aus der ganzen Welt zu ihm. Bald verhalf auch er mir zu Rezepten, und alles fing wieder von vorn an.

AUSGEWÄHLTE DISKOGRAPHIE

10/53	**Chet Baker Quartet**	Pacific Jazz PJLP-3 (10")
10/53	**Chet Baker Quartet featuring Russ Freeman**	Pacific Jazz PJLP-6 (10")
12/53	**Chet Baker Ensemble**	Pacific Jazz PJLP-9 (10")
12/53 – 2/54	**Chet Baker and Strings**	Columbia CL-549
2/54	**Chet Baker sings**	Pacific Jazz PJLP-11 (10")
5/54	**Jazz at Ann Arbor**	World Pacific WP-1203
9/54	**Chet Baker Sextet**	Pacific Jazz PJLP-15 (10")
10/55	**Rondette**	Barclay BLP-84009 (Frankreich)
10/55	**Summertime**	Barclay BLP-84017 (Frankreich)
11/55	**Alone Together**	Barclay BLP-84042 (Frankreich)
7/56	**Chet Baker and Crew**	World Pacific WP-1224
12/57	**Reunion (with Gerry Mulligan)**	Pacific Jazz Stereo 47
2/58	**Stan meets Chet (with Stan Getz)**	Verve MGV-8263
8/58	**It Could Happen To You**	Riverside RLP12-278

9/58	**In New York**	Riverside RPL12-281
3/59	**Ballads by Chet Baker**	Riverside RPL12-299
9/59	**Chet Baker in Milan**	Vogue LD-526 (Frankreich) Jazzland JLP-918S (Italien)
1/62	**Chet is Back**	RCA LPM-10307 (Italien) RCA RGP-1182-M (Japan)
2/65	**Baby Breeze**	Limelight LS-86003
4/65	**Cool Burnin'**	Prestige PR-7495
10/66	**Into My Life (with The Carmel Strings)**	World Pacific WP-1858
4/70	**Blood, Chet, and Tears**	Verve V6-8798
2/77	**You Can't Go Home Again**	A & M Horizon SP-726
8/78	**Two a Day**	All Life AL-007 (Frankreich)
1/79	**Broken Wing**	Sonopresse SP-251 (Frankreich)